JN412251

산 상 수 훈

산 상 수 훈

고영수 지음

도서출판 첨 탑

추천사

한울교회 김근수 목사

복잡하고 어려운 내용을 평이하고 간결한 개념과 문체로 풀어내는 자가 '대가'라면, 이 책의 저자는 「산상수훈」에 한한 '대가'이다. 이 책의 저자는 성도의 황금률로 불리는 산상수훈의 영적 진리를 누구나 쉽게 이해할 만한 설교문의 형태로 잘 드러내고 있기 때문이다. 저자는 심오한 진리를 풀기 위해 형이상학적이고도 학술적 해석방식을 섣불리 시도하지도 않았고, 그 해석을 설명하기 위해 저자 자신도 모르는 개념들을 나열하며 어려운 용어들로 잔뜩 치장하는 함정에 빠지지도 않았다. 오직 주경의 맥락에서 드러난 계시를 있는 그대로 담백하게 전달하려는 저자의 의도가 책의 곳곳에 알알이 배어있다.

또한 흔한 소재 가운데서도 진귀한 진리를 찾아 담아놓은 책이 '명작'이라면, 이 책은 '명작'이다. 사실 산상수훈은 예수님께서 직접 말씀하셨다는 정황적 특수성과 그 내용이 담고 있는 도덕적 고결성으로 인해 설교자들에게 널리 다루어지는 본문이다. 그러나 도덕윤리를 다루고 있다는 내용적 특성상 이 산상수훈은 주경적 관점에서 벗어나 형이상학적, 도덕적 교훈으로 곡해되는 경우가 다분하다. 이때에 산상수훈은 더 이상 특별할 게 없는 뻔한 도덕적 교훈의 나열로 점철된다. 그러나 이 책은 이러한 도덕 윤리적 해석의 미혹을 이겨내고, 산상수훈의 전체 본문을 주경적 관점에서 바르게 해석함으로 산상수훈을 '흔하고도 뻔한 도덕윤리 이야기' 에서 건져 올린다.

이 책은 주경적 관점에서 보는 산상수훈의 핵심인, 하나님 나라의 통치 원리와 율법의 정수를 알려주는 진귀한 영적 진리를 고스란히 잘 드러내준다. 이러한 진리 안에서 이 책에 수록된 일련의 설교문들은 서로 간에 유기적인 관계를 유지하고 있다. 더 나아가, 이 설교문들의 합인 이 책 전체는 마태복음 전체의 맥락과 주경 전체의 해석적 맥락 안에서도 연속성을 띤다.

마지막으로, 이 책은 인간 내면에 대한 이해와 서술이 탁월하다. 책의 곳곳에 말씀에 대한 바른 해석과 더불어 인간에 대한 날선 통찰력이 자리 잡고 있다. 이는 수십 년간 목양의 처소와 고독과 고통의 선교지에서 직접적으로 영혼을 맞대어 살아온 저자의 인생이 고스란히 묻어나는 대목이라 볼 수 있겠다. 이러한 인간의 내면에 대한 이해는 실제로 인간에게 관심을 기울이고 인간을 섬기는 과정에서만 형성되는 인고(忍苦)의 열매이기 때문이다.

선교의 어려움 가운데서도 진리를 수호하며 끝까지 복음을 전하는 저자의 신학과 신앙이 고스란히 담겨있는 이 책이 산상수훈의 진리를 그리스도의 빛 가운데서 선명히 드러내는 데 귀히 쓰임 받을 것을 확신한다.

추천사

안산제일교회 고훈 목사

고영수 선교사는 부산의 사도 바울이다. ACTS에서 선교학을 전공할 때 아시아복음화의 부름 받고 모든 선교사가 기피하는 선교의 아골 골짜기인 일본으로 파송 받았다. 토마스 선교사는 1866년 대동강에서 순교할 때 "주여, 대동강에 성서가 불탑니다. 저 강물 마시는 조선사람 구원하소서."라고 안타까워했다고 전해진다. 그의 시신도 비석도 없다. 루비 캔드릭 선교사는 개성에서 "내 목숨 천 개라면 모두 조선을 위해 바치겠습니다."라고 했다는데, 맹장으로 의료혜택 못 받고 25세의 젊은 나이로 순교했다. 그러나 오늘날 그 열매는 너무 크다. 구루펠 선교사는 북극에 도착해 타고 온 배를 불 질러 태워버리고 걱정하는 가족에게 "돌아가기 위해서가 아니라 돌아가지 않기 위해 왔습니다."라고 했다고 한다. 이것이 북극 선교의 시작이다. 마더 브랜드 선교사는 인도 북부지역 나환자촌에서 남편을 먼저 풍토병으로 보내고 거울을 다 깨뜨리고 평생 얼굴을 보지 않았다. 나환자가 나의 거울이고 그들이 웃으면 나도 웃고 그들이 울면

나도 운다 했다.

고영수 선교사는 이토록 위대한 선교사들의 뒤를 이은 일본 자원선교사이다. 그의 선교열정에서 나온 「산상수훈」 강해 묵상은 목회자뿐 아니라 평신도에게도 더 할 수 없는 영감을 주리라 믿어 널리 권하여 추천하는 바이다.

머리말

산상수훈의 핵심은 천국을 말하고 있으며, 이 천국은 세상 문명이 만들어 내는 유토피아가 아니라 주님이 다스리는 그 분의 왕국을 말하고 있습니다. 한마디로 말해서 주님이 다스리시는 나라가 어떤 나라인지 보여 주는 말씀이 바로 산상수훈의 말씀입니다.

이 산상수훈은 하나님이 당신의 뜻대로 우리를 새롭게 재창조하시는 곳입니다. 그래서 우리는 주님의 손에 의해 부서짐으로 그것이 고맙고 감사한 것입니다. 혼자서 몸부림치며 살아왔던 그 고통스러운 삶 속으로 주님이 들어오심으로 우리는 행복한 사람이 되는 것입니다. 절망을 통해서 새로운 빛이 보이고, 무릎을 꿇으면서 참된 자신을 보는 것입니다.

팔복의 한 구절도 받아들일 수 없는 연약한 인간의 모습에서 주님의 도움을 구하는 것이 산상수훈의 핵심입니다.

최근에 한국에 대한 일본의 시각은 날카롭고 통렬합니다. 지난 수십 년간 대한민국이 변한 것이라곤 경제성장 이외는 아무것도 없다는 것입니다.

지난 1980년대 한국의 경제가 성장하기 시작할 때 많은 사람들이 염려하면서 선지자처럼 외치던 내용들이 바로 이런 것이었습니다. 경제는 선진국이라도 나머지는 전부 후진국 수준이라는 것입니다. 우리의 현실이 수십 년 동안 경제 이외에는 변한 것이 없다는 이웃 나라의 지적이 사실이 아니라고 부인하거나 변명할 수 없는 그런 현실이 안타까울 뿐입니다.

그러나 이런 것보다 더 염려스러운 것은, 나라와 민족을 죄 가운데서 구원하고 생명을 주어야 할 주님의 몸 된 교회가, 빛과 소금의 사명을 감당하기 위해서 거룩함과 공의로 옷을 입어야 할 하나님의 백성들이, 도리어 세속적인 욕망에 만족하면서, 십자가는 있으되 사랑은 없고, 말씀은 있으되 생명력을 잃어버리고 표류하고 있는 현실입니다.

그런 의미에서 예수님의 산상수훈은 이 시대의 교회와 함께 구원받은 하나님의 백성들이 무엇을 위해 어떻게 살아야 할 것인지에 대한 구체적인 가르침이라 생각합니다.

다만 한 가지 염려스러운 것이 있다면 예수님의 산상수훈의 보화를 본문 말씀의 의도대로 충분히 그려내지 못한 채, 도리어 인간의 연약과 제한적인 지식과 경험의 틀에 가두어 버린 것 같아서 힘써 주님 앞에 용서를 구할 뿐입니다.

2014년 6월, 신록이 더해가는 오사카 성 아래에서

저자

목 차

1. 심령이 가난한 자 … (마태복음 5:1-12) 13

2. 세상과 우리 … (마태복음 5:13-16) 25

3. 그리스도인의 삶 … (마태복음 5:17-32) 37

4. 맹세의 교훈 … (마태복음 5:33-37) 49

5. 남보다 더 하는 것 … (마태복음 5:38-48) 59

6. 하늘의 영광, 땅의 영광 … (마태복음 6:1-18) 71

7. 보물창고 … (마태복음 6:19-24) 81

8. 염려하지 말라 … (마태복음 6:25-34) 93

9. 좋은 관계 … (마태복음 7:1-12) 105

10. 좁은 문 … (마태복음 7:13-14) 119

11. 영혼의 사냥꾼 … (마태복음 7:15-20) 133

12. 듣고 행하는 자 … (마태복음 7:21-29) 147

1

심령이 가난한 자

〈 마태복음 5:1-12

예수께서 무리를 보시고 산에 올라가 앉으시니 제자들이 나아온지라 입을 열어 가르쳐 이르시되 심령이 가난한 자는 복이 있나니 천국이 그들의 것임이요 애통하는 자는 복이 있나니 그들이 위로를 받을 것임이요 온유한 자는 복이 있나니 그들이 땅을 기업으로 받을 것임이요 의에 주리고 목마른 자는 복이 있나니 그들이 배부를 것임이요 긍휼히 여기는 자는 복이 있나니 그들이 긍휼히 여김을 받을 것임이요 마음이 청결한 자는 복이 있나니 그들이 하나님을 볼 것임이요 화평하게 하는 자는 복이 있나니 그들이 하나님의 아들이라 일컬음을 받을 것임이요 의를 위하여 박해를 받은 자는 복이 있나니 천국이 그들의 것임이라 나로 말미암아 너희를 욕하고 박해하고 거짓으로 너희를 거슬러 모든 악한 말을 할 때에는 너희에게 복이 있나니 기뻐하고 즐거워하라 하늘에서 너희의 상이 큼이라 너희 전에 있던 선지자들도 이같이 박해하였느니라

1

하나님의 말씀인 성경은 신구약으로 나뉘어져 있는데, 이 두 부분은 그 특징에 있어서 차이를 발견할 수 있습니다.

구약의 기준은 사람의 행동에 초점을 맞추고 있기 때문에 사람의 행동에서 죄를 찾아내고, 사람의 행동에 따라 시비를 가리고 있습니다. 그래서 살인하지 말라, 간음하지 말라, 도둑질 하지 말라, 거짓말 하지 말라고 합니다. 바로 이것이 율법입니다.

그러나 신약성경은 그렇지 않습니다. 대부분의 경우에 사람의 마음에 우선적으로 초점을 맞추고 있습니다.

그래서 구약에서는 살인이나 간음이나 도둑질 같은 것들이 구체적인 행동으로 나타나지만 않으면 별 문제가 되지 않았지만, 신약에서는 마음속으로 미워만 해도 살인죄에 해당하고, 마음속으로 음욕만 품어도 간음했다고 하고, 욕심을 품는 것 자체가 도둑질이고 간음이고 죄가 된다는 것입니다.

이런 상황이니 구약의 계명들은 행위에 따라 처벌을 받지만, 신약의 경우는 행위뿐만 아니라 그 사람의 마음 상태까지도 심판의 대상이 되고 있는 것을 알 수 있습니다.

그러므로 우리는 산상수훈에 관한 부분만을 놓고 볼 때에는 인간적으로 많이 실망할 수 있습니다.

차라리 "하라! 하지 말라"는 십계명처럼 행동으로 드러나는 행위에 대한 명확한 선을 그은 명령이라면 이해하고 행동하기가 간단하지만, 우리 마음에 관한 문제는 결코 생각만큼 쉽지 않기 때문입니다.

하루에도 골백번 변하는 것이 사람의 마음입니다. 그것도 21세기의 최첨단 문명 속에서 살아가다 보니 마음으로 느끼는 감정들이 한두 가지가 아닙니다.

매일 매 순간 보는 것마다 자극을 받게 되고, 어디서든지 우리의 마음을 유혹하고 충동질 하는 그런 환경에 갇혀 살고 있기 때문에 우리는 이 산상수훈에 나오는 주님의 가르침에 도리어 실망할 수도 있습니다.

더구나 5장의 결론 부분에서 "그러므로 하늘에 계신 너희 아버지의 온전하심과 같이 너희도 온전하라"(48)고 하셨으니, 이 부분에 이르러서는 주님의 말씀에 깊은 절망감마저 느끼게 됩니다. 그렇다면 과연 이 산상수훈은 오늘 우리에게 무엇입니까?

왜 주님은 우리가 도무지 받아들이기 어려운 말씀으로 연약한 우리에게 율법보다 더 무거운 것을 강요하고 계십니까?

2

사실 요즘 기독교 신앙의 흐름이랄까, 믿는 사람들의 삶을 보면 실망스러운 부분이 많습니다.

세상 사람들 못지않게 욕심이 많은 교인들을 우리 주위에서 쉽게 찾아 볼 수 있으며, 남에게 지지 않으려는 경쟁심이나 명

예욕에 대한 것들이 세상 언론에 노출이 되기도 하고, 국가의 법률에서부터 시작하여 개개인과의 약속에 이르기까지 이런 것들을 지키지 못해서 오는 지도자들과 성도들의 부정적인 모습 때문에 교회가 욕을 먹고 기독교가 난타 당하고 있는 실정입니다.

그러나 이럴 때는 오히려 주님의 가르침인 이 산상수훈이 우리에게 위로가 될 수 있습니다. 왜냐하면 나는 이렇게 부족하고 문제가 많아도 원래 기독교는 세상 사람들이 따라 오지 못하는 그런 가치관과 윤리관을 가지고 있다는 자부심이 있기 때문입니다.

문제는 막상 주님의 말씀을 내 삶에 실천하려고 할 때 어떻습니까? 우리가 당면하는 자괴감이나 낭패는 정말 이루 말로 다 표현할 수 없습니다.

왜 나는 좀 더 겸손하지 못할까?

왜 나는 이렇게 욕심이 많을까?

왜 나는 성질내고 토라지고, 왜 양보하지 못할까?

예수님의 제자라면서 도대체 나는 예수님 닮은 데가 하나도 없으니 말입니다.

그래서 사람들은 생각하기를, 예수님은 우리에게 평생을 살아도 행하기 어려운 말씀을 주신다고 생각합니다. 그러다보니 수십 년을 믿어도 헛된 세월만 보냈다고 한탄하는 사람들이 많습니다.

그러나 우리가 여기서 결코 실망하고 고민할 것은 아니라고 생각합니다. 적어도 오늘 주어진 본문을 읽고 또 읽고 묵상해 본다면 지금까지 우리가 생각하고 판단하던 그 수준에서 머물지 아니하고 산상수훈의 더 깊은 의미를 깨닫도록 주님이 은혜를 베풀어 주신다는 사실입니다.

3

3절 이하에 보면, "심령이 가난한 자는 복이 있나니 … 애통하는 자는 복이 있나니 … 온유한 자는 복이 있나니" 이렇게 이어지고 있지만, 이 모든 말씀은 사실 이 세상에서는 통하지 않는 내용들뿐입니다.

가난한 자가 복이 있다고요? 오히려 천덕꾸러기며 삶이 고통스럽고 불행하지 않습니까? 부한 자들은 넉넉하고 여유가 있고, 사람들에게도 인정을 받고 있으니 그들의 삶이 부럽기만 합니다.

애통하는 자가 왜 복이 있습니까? 징징거리며 탄식하며 우는 자보다는 여유를 가지고 기뻐하고 즐거워하는 자가 백배나 더 좋아 보입니다.

온유한 자가 땅을 차지하는 것이 아니라 이미 강한 자가 독점해서 온유한 사람이 차지할 땅은 그 어디에도 없는 것 같습니다.

그리고 우리의 마음이 주님의 말씀대로 깨끗해서는 이 세상을 제대로 살아갈 수 없습니다. 남들이 다 내 마음 같다고 생각한다면 우리는 평생 휘둘리며 살고, 있는 것도 다 빼앗기고 마는 세상입니다.

현실이 이렇다 보니 이 산상수훈에서 말씀하시는 예수님은 전부 현실과는 거리가 멀게 정반대로만 말씀하고 계시는 것 같습니다.

그러고 보면 예수님이나 목사님들은 세상 물정을 너무 모르는 것으로는 꼭 닮은 것 같습니다. 그래서 교인들은 목사님이 우리 형편을 너무 모른다고 생각합니다.

그러나 본문 3절을 다시 들여다보면 생각이 달라질 수 있습니다.

"심령이 가난한 자는 복이 있나니 천국이 그들의 것임이요."

심령이 가난해진다고 천국을 소유할 수 있을 것 같습니까? 차라리 가진 소유로 천국처럼 꾸며 놓고 사는 것이 훨씬 간단할 것입니다.

4

그렇다면 본문에 나오는 팔복의 핵심이 무엇을 말하는 것이냐 하는 것입니다.

산상수훈의 핵심은 천국을 말하고 있습니다. 문제는 우리가 예수님처럼 완벽하게 겸손해지고, 온유함으로 변화된 우리의 삶을 통해서 이루어질 수 있는 그런 천국이 아니라, 주님이 다스리는 그 분의 왕국에서 시민으로서의 천국생활을 누리는 것을 말하고 있는 것입니다. 이것은 주님이 다스리시는 나라가 어떤 나라인지 보여 주는 말씀입니다.

그렇습니다. 우리가 신구약 성경 전부를 다 지켜 행한다고 하여도 사람으로서는 천국을 만들 수 없습니다. 마태복음 13장에 나오는 천국 비유를 통해 나타난 것처럼 천국은 무엇입니까? 예수 그리스도 자신입니다. 그래서 예수님이 다스리시는 곳이 바로 천국이요, 그가 머무시는 곳이 참된 천국입니다.

그러므로 우리가 예수님을 믿고 우리 마음에 영접하면 우리 안에는 이미 천국이 시작되는 것입니다.

그러므로 심령이 가난하다는 것은 인본주의적으로 스스로 어떤 노력을 해서 얻거나, 불교에서 말하는 해탈을 통해 얻어지는 그런 종교적인 방법을 통해서 도달하는 그런 상태가 아니라, 주님을 인생의 주인으로 모시고 그분의 뜻대로 인도함을 받는 상태를 말하는 것입니다. 다시 말해서 주님께서 심령이 가난한 자와 함께하시니 저절로 그는 천국을 소유한 것입니다.

애통하는 자에게 주님의 위로가 있으니 천국의 기쁨이 넘치는 것입니다. 온유한 자를 주님이 도우시니 땅을 차지하는 것입니다. 결국 팔복을 포함한 산상수훈의 말씀은 우리와 하나님과의 바른 관계를 말하고 있는 것입니다.

그러므로 관계가 파괴된 곳에서 지옥이 시작되고, 바른 관계에서 천국이 시작되는 것입니다.

5

우리가 살면서 경험하는 일이지만, 사람이란 주어진 환경이 바뀐다고 사람이 바뀌거나 결코 행복해질 수는 없습니다.

남다른 특별한 사랑을 받는다고 인생이 행복해지거나 문제가 해결되는 것도 아닙니다. 인간은 하나님으로부터 왔기 때문에 하나님을 떠나서는 그 어떤 행복도 위로도 기쁨도 없습니다.

하나님을 떠나서는 누구도 바로 살 수 없으며 참된 위로를 받을 수 없는 것이 인생의 현실입니다. 겉으로는 지성인이요 겉으로는 부자이며 미인이라 하여도 하나님 떠난 심령은 전부 공허한 것뿐입니다.

그래서 사람들은 이 공허함을 채우기 위해 재물과 인생을 낭비하면서 죄를 짓고 미친 짓을 하는 것입니다.

그러나 평생을 그렇게 살아도 만족이 없고 행복이 없습니다.

그렇습니다. 주님만이 내 빈 마음을 채워 주시고, 주님만이 내 심령을 채워 주시고, 주님만이 나의 참 행복입니다.

심령이 가난하다는 것은 심령이 비어 있다는 의미인데, 이 빈 심령 속을 우리가 예수님으로 채울 때 우리 삶이 천국의 삶으로 변화되는 줄 믿습니다. 왜 그렇게 말할 수밖에 없습니까?

주님 자체가 천국이기 때문입니다.

문제는 우리가 심령을 비워둔다고 무조건 좋은 것이 아니라 빈 곳을 채워야 온전해지는 것입니다. 그러므로 과연 누가 어떤 사람들이 그 심령으로 예수 그리스도로 충만케 할 수 있느냐는 것입니다. 이미 말씀드린 대로 산상수훈을 읽어내려 가다 보면 우리는 스스로 실망하게 됩니다. 주님의 말씀에 순종하고 따를 능력이 없기 때문입니다.

지금까지 우리는 나름대로 내 안에는 의라는 것이 있다고 생각해 왔습니다. 하찮은 교통위반도 없이 정직하고 올바르게 살려는 착한 마음에서부터 시작하여, 어려움을 당한 자를 불쌍히 여기는 마음, 교회 일이라면 우선해서 섬기는 마음, 은혜로운 예배를 드릴 수 있는 것도 내 안에 어느 정도의 의로움이 있기 때문이라고 생각했습니다.

이렇게 다른 사람보다는 그래도 내가 더 낫다고 생각하는 교만이 누구에게나 있기 마련입니다. 그런데 산상수훈에 와서 그런 것들이 다 소용이 없고 아무것도 아니라는 것을 알게 됩니다. 도리어 말씀을 통해서 내 안에 숨어 있는 죄의 습관들과 부끄러운 것들이 낱낱이 드러나면서 절망하기 시작합니다.

이유가 무엇이라고 생각합니까? 죄 때문입니다.

6

조심스러운 말이지만 요즘 교회를 정하지 못하고 떠도는 신자들이 많다고 합니다. 그런데 이런 것은 한마디로 교만입니다.

사람들은 저를 보고 한 교회서 26년을, 한 도시에서 30년 가까이 사역을 한다고 칭찬하지만, 저도 이 교회, 이 도시를 여러 번 떠나려고 했습니다. 그러나 갈등하고 고민하고 생각하는 마지막 단계에 가서 제 머릿속에 떠오르는 것이 하나 있었습니다.

그것은 이곳을 떠나고자 하는 이 생각이 과연 하나님 보시기에 교만한 마음은 아닌가 하는 것이었습니다.

'나 하고는 이 사람들(이 도시나 단체나) 수준이 안 맞아!' '다른 곳에 가면 이보다 잘 할 수 있을 거야.' 하는 기대감, 심지어 낙심하고 실망하는 것조차 내 교만한 마음에서 나오는 것이라면, 내가 낙심하거나 그래서 이곳을 떠나는 것은 하나님 앞에 큰 죄라는 생각이 들었습니다. 바로 그런 생각이 제 자신을 26년의 세월을 한 자리에 머물게 한 것입니다.

이렇게 사람에게는 누구나 평소에는 자신도 알지 못하는 숨어 있는 교만한 마음이 자리 잡고 있기 마련입니다.

그래서 이 팔복의 말씀은 바로 이런 우리의 숨어 있는 교만을 깨트리는 주님의 손길이라 생각합니다.

5장 마지막에서 주님은 하나님 아버지의 온전하심처럼 우리도 온전하기를 원하시는데, 우리는 그 말씀에 따를 힘도 능력도 없습니다. 이 고백은 그 누구도 피해 갈 수 없다는 사실입니다. 그러므로 우리는 지금 이 순간에 손을 들고 항복하는 것입니다.

인간의 힘으로는 감당할 수 없는 말씀 앞에 조용히 무릎을 꿇는 것입니다.

그런데 놀라운 사실은 우리가 무릎을 꿇고 나면 생각이 달라지기 시작한다는 것입니다.

'아! 이 말씀은 주님이 억지로 지워주는 율법의 멍에가 아니라 연약하고 부족한 내 안에 들어오셔서 그 분이 나와 같이 하나 되기를 원하시는 것이구나.' 하는 것을 알게 됩니다.

우리가 주님을 멀리 서서 바라보기만 한다면 결코 그 분을 닮아 갈 수 없습니다. 주님을 내 심령에 모셔 들일 때, 그 때 내 안에 계시는 주님을 닮고자 하는 갈망으로 뜨거워지는 것입니다.

주님이 내 안에 오셔야 우리는 성령님의 도움도 사모하게 됩니다.

7

산상수훈은 하나님이 당신의 뜻대로 우리를 새롭게 재창조하시는 거룩한 곳입니다. 그래서 우리는 주님의 손에 의해 우리 자신이 부서짐으로 그것이 도리어 고맙고 감사한 것입니다.

혼자서 몸부림치며 살아왔던 그 고통스러운 삶 속으로 주님이 들어오심으로 우리는 행복한 사람이 되는 것입니다.

절망을 통해서 새로운 빛이 보이고 무릎을 꿇으면서 참된 자신을 보는 것입니다. 그래서 우리는 팔복의 말씀에서 한 구절도 받아들일 수 없는 그런 연약한 인간의 모습에서 주님의 도움을 구하는 것입니다.

가난한 심령을 주님으로 채우면 천국이 임하는 것입니다.

애통하는 자는 주님의 손을 붙잡으면 주님의 참된 위로를 받게 됩니다.

천국은 바로 이런 사람들이 만들어 가는 곳이요, 천국은 바로 이런 사람들이 들어가는 곳이요, 영원한 그곳에서 이 팔복의 말씀대로 사는 줄 믿습니다.

2

세상과 우리

〈 마태복음 5:13-16

너희는 세상의 소금이니 소금이 만일 그 맛을 잃으면 무엇으로 짜게 하리요 후에는 아무 쓸 데 없어 다만 밖에 버려져 사람에게 밟힐 뿐이니라 너희는 세상의 빛이라 산위에 있는 동네가 숨겨지지 못할 것이요 사람이 등불을 켜서 말 아래에 두지 아니하고 등경 위에 두나니 이러므로 집안 모든 사람에게 비치느니라 이같이 너희 빛이 사람 앞에 비치게 하여 그들로 너희 착한 행실을 보고 하늘에 계신 너희 아버지께 영광을 돌리게 하라

1

1830년 7월, 프랑스 파리에서 혁명이 일어나 샤를 10세(Charles Philippe X, 1757-1836)가 퇴위 당하고, 최고의 권력자들은 왕가 출신이 아닌 루이 필리프(Louis Philippe, 1773-1850)를 선택하여 왕좌에 오르게 했습니다.

그런데 이 사람은 의례나 격식 같은 것을 싫어했고, 귀족들보다는 은행가들이나 사업가들, 그리고 중산층 평민들과 잘 어울리면서 왕이라는 자신의 위치를 한껏 낮추었다고 합니다.

그래서 루이 필리프의 상징은 왕관이나 손에 쥐는 홀이 아니라 회색 중절모에 우산이 그의 상징이었고, 이런 차림으로 파리 시내를 의기양양하게 다녔다고 합니다.

그는 다른 왕들과는 달리 돈을 좋아했고, 그래서 돈 이야기를 많이 하고 은행가를 왕궁에 초대할 때에도 왕인 자신과 동등하게 대우를 했다고 합니다.

국민들은 처음에는 이런 왕을 좋아했지만 얼마 가지 못해서 체통 없는 왕을 경멸하기 시작하였고, 은행가들조차도 왕을 멸시했고, 이 나라를 움직이는 것은 왕이 아니라 돈을 쥐고 있는 자신들이란 사실을 깨닫고는 왕을 마치 자기 아랫사람 다루듯이 하였고, 공개적인 석상에서도 왕이 늦게 왔다는 이유로 망신을 주었다고 합니다.

결국 1848년 2월 23일 밤, 파리의 성난 군중들이 왕궁을 둘러

싸자, 루이 필리프는 왕위를 버리고 잉글랜드로 도망가고 말았다고 합니다.

이 루이 필리프라는 사람은 무엇이 문제였습니까?

왕의 품격이 얼마나 중요한지를 알지 못한 것입니다.

왕의 대접을 받으려면 왕처럼 행동해야 하는데, 그는 기껏 사업가나 평민처럼 행세하였던 것입니다.

오늘날도 우리 주위에는 루이 필리프 같은 사람들이 많이 있습니다. 그래서 생각나는 성경구절이 하나 있습니다.

사도 베드로는 말하기를, "그러나 너희는 택하신 족속이요 왕 같은 제사장들이요 거룩한 나라요 그의 소유된 백성이니 이는 너희를 어두운 데서 불러내어 그의 기이한 빛에 들어가게 하신 이의 아름다운 덕을 선포하게 하려 하심이라"(벧전 2:9)고 했습니다.

2

하나님의 자녀 된 성도들이 이 세상에서 자신의 존재 가치를 알아보려면 제일 먼저 내 주위에 있는 사람들의 반응을 보면 알 수 있습니다.

사람들이 내 생각이나 내 행동에 대하여 어떤 반응을 보이는가는 결국 나라고 하는 존재가 이 세상에서 어떤 영향력과 어떤 가치를 지녔고 어떤 존재인가를 알 수 있는 것입니다.

우리는 세상의 기준이나 세상 사람들의 가치관을 가지고 염려하거나 그곳에 관심을 둘 필요는 없습니다. 그러나 세상 사람들이 우리를 어떻게 보는가는 매우 중요한 사안이 됩니다.

오늘 본문을 보면, 처음에는 소금이 나오고 그 다음에는 빛이 나옵니다.

13절에 "너희는 세상의 소금"이라고 하였고, 14절에서는 "세상의 빛"이라 했습니다.

그런데 이상한 것은 주님이 우리를 가리켜 천국의 보배나 면류관이라고 하지 아니하시고, 세상의 소금, 세상의 빛이라고 하셨다는 점입니다.

하나님의 자녀 된 우리를 세상과 분리해서 말씀하지 아니하시고, 세상과 연관된 존재로 그것도 세상에서는 없어서는 안 될 가장 중요한 것들 중의 하나로 말씀하고 계신다는 사실입니다. 이유가 무엇입니까?

하나님이 우리를 이 세상에 보내실 때 가장 중요한 사명을 주셨기 때문입니다. 그것은 다름 아닌 세상의 소금, 세상의 빛이라는 사명입니다.

문제는 이 같은 사명을 받았음에도 불구하고 소금 노릇을 하지 못하고, 빛으로서의 사명을 감당하지 못한다면, 13절에 기록된 대로 버림받고 밟힐 뿐이라는 사실입니다.

루이 필리프가 이 지구촌에서 불과 몇 몇 사람들만이 누릴 수 있는 권력과 능력을 거저 받았음에도 불구하고, 거기에 걸맞은 모습을 보여 주지 못할 때 모든 것을 잃고 무너지고 말았습니다.

왕관을 쓰면 당연히 왕처럼 행동해야만 합니다.

보좌에 앉았으면 다른 사람들과는 다른 품격을 유지해야만 합니다. 그렇게 할 때 모든 사람들은 그를 높이고 그에게 나라의 모든 권세와 능력을 집중시켜 주는 것입니다.

원래 교회는 세상을 염려하면서 이 문제 많은 세상을 가슴에 안고 하나님의 사랑과 은혜로 이 세상을 치유하는 곳입니다.

그런데 웬일인지 요즘은 도리어 세상이 교회를 염려하는(?) 시대가 되고 말았습니다. 그 이유가 어디에 있습니까?

우리가 하나님의 자녀처럼, 왕 같은 제사장처럼 행동하지 않기 때문입니다.

오늘 우리는 하나님이 왜 우리를 이 세상에 보내셨으며, 그 목적이 무엇인가를 깨달아, 주신 사명을 완수한다면 하나님께는 영광이요 우리에게는 은혜와 넘치는 축복이 임하는 줄 믿습니다.

3

주님은 우리에게 “너희는 세상의 소금”이라고 하셨습니다.

이 소금에는 매우 중요한 두 가지의 역할이 있습니다.

맛을 내는 것과 부패를 방지하는 것입니다.

요리에 아무리 좋은 재료를 사용하고 향신료를 첨가해도 소금 없이는 요리가 그 가치를 발휘할 수 없습니다.

지금은 냉동만 시키면 어떤 음식 재료도 부패를 방지하고 오랫동안 그 신선도를 유지할 수 있지만, 냉장고가 없던 시절에는 소금만이 부패를 방지할 수 있었습니다.

이같이 소금은 환경과 조건을 가리지 아니하고 언제나 자신의 가치를 발휘할 수 있는 존재입니다.

그런데 만일 소금이 원래 가지고 있는 염분을 상실하여 맛을 낼 수 없다고 한다면, 누가 그 소금을 구하며 누가 그 소금을 사용하겠습니까?

요즘 기름 값과 금값이 천정부지로 치솟고 있습니다. 그나마 다행한 것은 소금이 금이나 기름보다 더 소중한 자원임에도 불구하고 그 값이 싸고 안정되어 있다는 것이 감사할 뿐입니다. 어떻게 그렇게 말할 수 있습니까? 금이나 기름 없이도 사람은 살 수 있지만 소금 없이는 살 수 없기 때문입니다.

옛날 헬라사회에서는 비유로 말하기를, 소금이 맛을 잃었다는 것은 곧 바보가 되었다는 의미라고 합니다. 다시 말해서 이 세상에서 아무런 가치도, 아무런 영향력도 주지 못하는 존재라는 것입니다.

문제는 우리가 세상의 소금이라는 사실을 잊어버리고 살고 있다는 것입니다.

삶이 힘들고 고통스러울 때, 빨리 천국 가고 싶은 마음은 있어도 이 세상에서 소금으로서의 주어진 기능과 사명을 감당할 것은 생각하지도 못하고 있습니다.

4

그렇다면 오늘 우리는 어떻게 해야 소금으로서의 주어진 사명을 감당할 수 있습니까? 녹아지는 것입니다. 곧 자기희생을 말하는 것입니다.

이번에 친구 목사님이 지진이 일어났던 동북부 지방을 다녀왔는데, 우리가 텔레비전에서 보는 것과는 매우 다른 광경이었다고 합니다. 일주일 동안 같은 교단 선교사님들이 피난 생활을 하는 사람들과 함께 숙식을 하면서 자신들도 주먹밥으로 연명하면서 재난을 만난 사람들을 도왔는데, 그들의 현실이 너무 참혹하여 말로 다 표현하기 어렵다고 했습니다.

30여 명이 모여 피난 생활하는데 정부에서 보내는 물자가 그곳에는 오지도 않고, 거의 자급자족의 수준이었다고 하니, 모든 것을 잃어버리고 난 후의 그 하루하루의 삶이 어떤 것인가를 짐작하기도 어려운 것입니다. "우는 자들과 함께 울라"(롬 12:15)는 말씀이 저절로 떠올랐다고 합니다.

확실한 것은 우리가 뉴스를 통해 보고 듣는 것은 일부분에 불과하고, 특히 일본 사람들은 좋은 것만 보여주려고 하니, 구호의 손길이 닿지 않는 곳의 참상을 우리는 다 알 수 없는 것입니다.

바로 이럴 때, 주님은 제자 된 우리에게 "너희는 세상의 소금"이라고 하셨습니다.

소금은 자신을 녹이지 아니하고는 맛을 낼 수 없습니다.

주님이 자신을 십자가에 내어 주어 모든 사람들의 대속물이 되심 같이 우리에게도 이 시대의 속죄제물이 될 것을 말씀하고 계십니다.

5

계속해서 주님은 우리를 향해 "너희는 세상의 빛"이라고 하셨습니다. 적당히 세상을 살다가 천국 가면 그만인데, 왜 우리를 세상의 빛이라고 합니까?

주님이 먼저 이 세상의 빛으로 오셨기 때문입니다.

그분이 우리에게 그 빛 된 사명을 대신하라고 명령하고 계시기 때문입니다. 빛이 없으면 아무리 똑똑한 사람도, 유능한 사람도 더듬기 마련입니다.

세상이 비록 교회를 욕하고, 성도들을 가치 없는 존재로 여긴다 할지라도, 십자가 없는 세상, 교회가 없는 동네, 하나님 백성이 없는 거리는 생각조차 할 수 없습니다.

이유가 무엇입니까? 이들이 바로 세상의 소금이며 빛이기 때문입니다. 그래서 주님은 본문에서 세상 사람들이 볼 수 있도록 이 빛을 감추지 말라고 하셨습니다. 아니 더욱 잘 비치는 곳에 두어야 한다고 하셨습니다.

그래서 15절의 "사람이 등불을 켜서 말 아래에 두지 아니하고"라고 했는데, 여기에 "말"은 타고 다니는 말이 아니라 곡물의 양을 가늠하는 '됫박'을 말하는 것입니다.

당시의 이 말은 약 9리터의 곡물을 담을 수 있는 됫박으로 〈모디우스〉라고 부르는데, 만일 등불을 켜서 이 됫박 아래에 감춘다면 등불은 곧 꺼지고 말 것입니다. 그러나 대를 높게 만들어 등불을 그 위에 둔다면 사방으로 많은 빛을 비추며 더 많은 사람들이 이 빛의 혜택을 받을 것입니다.

6

주님이 성도들을 세상의 빛으로 표현하신 이유가 무엇입니까? 성도는 세상에서 숨어 살아서는 안 된다는 말씀입니다.

일본에 기독교가 1549년에 들어왔지만, 모진 박해를 받으면서 '가꾸레 기리시단'(隱れキリシタソ, 숨은 크리스천)이 되고 말았습니다.

오랜 세월 동안 일본 땅에서 기독교인은 박해를 피하여 숨어 있었기 때문에 아무런 영향력도 발휘하지 못하고, 그동안 기독교와는 상관이 없는 이름뿐인 기독교가 되고 말았습니다.

그러므로 빛은 숨어 있을 수 없는 존재이며, 숨어 있어서도 안 되는 존재입니다.

그래서 기독교 역사를 보면, 신앙의 박해가 극심했던 시대에도 그들은 자신들이 그리스도의 사람인 것을 여러 방법으로 드러내면서 살았던 것을 알 수 있습니다.

숨어 사는 그리스도인은 빛을 잃은 존재입니다. 이미 가치를 잃고 아무런 힘도 없이 세상 사람들보다 더 불쌍한 존재가 될 뿐입니다.

우리의 신앙적 가치가 어디에 있습니까? 신앙적 가치는 자신이 소유한 생명의 빛, 사랑의 빛을 사람들 앞에서 적극적으로 드러낼 때 그것이 힘이 되고 능력이 되고 감동이 되는 것입니다.

물론 어떤 경우에는 우리 자신을 사람들 앞에서 감출 때도 있습니다. 그러나 그것은 나중에 드러내기 위해 잠시 잠깐 전략적으로 감추는 것입니다.

그러므로 우리는 기도를 감추지 말아야 합니다. 찬양을 멈추지 말아야 합니다. 하나님 앞에서의 예배를 빼앗기지 말아야 합니다.

우리가 사람들 앞에서 받은바 구원의 은혜를 간증하고 받은 은혜를 감사하고 기쁨을 드러낼 때, 그 가운데서 구원의 능력과 새롭게 되는 성령의 역사하심이 넘치는 것입니다.

기독교 신앙은 드러내는 것입니다.

세상의 빛으로 우리 자신을 사람들 앞에 드러낼수록 세상은 점점 밝아지고, 빛으로 드러난 우리의 삶을 보고 사람들이 감동을 받으며 하나님의 구원의 은혜가 어떤 것인가를 체험하도록 하는 것입니다.

7

마지막으로 16절에 보면, "이같이 너희 빛이 사람 앞에 비치게 하여 그들로 너희 착한 행실을 보고 하늘에 계신 너희 아버지께 영광을 돌리게 하라"고 하였습니다.

예수님의 제자로서 한 평생을 살면서 남을 위해서 한 번도 소금처럼 자신을 희생해서 녹아진 적도 없고, 아무런 힘도 없이 전도를 한 번 못하고, 감동도 주지 못한다면 그 신앙과 삶은 가치 없는 것이라고 말해도 지나침이 없을 것입니다.

왜냐하면 주님은 분명히 "너희는 세상의 소금, 세상의 빛"이라고 하셨기 때문입니다. 그러므로 신앙의 가치는 사람들 앞에서 드러낼 때에 능력이 되는 것입니다.

주님은 우리에게 세상의 빛이 되고 소금이 되라고 하지 않으시고 "너희는 세상의 소금, 세상의 빛"이라 단정하셨습니다.

이것은 이미 우리가 이 땅에 태어날 때부터 소금으로, 빛으로서 세상에 온 존재임을 나타내는 것입니다.

소금은 짠 맛을 낼 때 주어진 가치를 드러내는 것입니다. 빛은 어둠을 비출 때 빛의 사명을 다하는 것입니다. 세상은 힘 있는 자들이 바꿀 수 있는 것이 아닙니다.

사람은 그 어떤 물질과 능력으로도 변화시킬 수 있는 것이 아닙니다. 하나님이 우리를 이 땅의 소금으로 빛으로 보내셨기 때문에 세상은 예수님의 제자 된 우리만이 바꿀 수 있습니다.

바로 이 일을 위해 하나님은 우리를 이곳에 보내셨습니다.

그러므로 이 땅, 이 민족은 하나님 자녀 된 우리 손에 그 미래가 달려 있는 것입니다.

오늘부터라도 우리가 세상을 향한 소금과 빛의 사명을 다한다면, 이 땅을 하나님의 사랑으로 보존하고, 그리스도의 구원의 은혜로 온 세상을 덮을 수 있을 것입니다.

이렇게 우리가 자신을 희생하여 사람들 앞에 소금으로 빛으로 드러낸다면, 첫째는 남들에게 하나님을 증거 하는 기회가 되고, 둘째는 하나님께 영광이 되며, 셋째는 우리의 영원한 복이 되는 줄 믿습니다. (2010. 5. 22. 오전)

3

그리스도인의 삶

〈 마태복음 5:17-32

내가 율법이나 선지자를 폐하러 온 줄로 생각하지 말라 폐하러 온 것이 아니요 완전하게 하려 함이라 진실로 너희에게 이르노니 천지가 없어지기 전에는 율법의 일점 일획도 결코 없어지지 아니하고 다 이루리라 그러므로 누구든지 이 계명 중의 지극히 작은 것 하나라도 버리고 또 그같이 사람을 가르치는 자는 천국에서 지극히 작다 일컬음을 받을 것이요 누구든지 이를 행하며 가르치는 자는 천국에서 크다 일컬음을 받으리라 내가 너희에게 이르노니 너희 의가 서기관과 바리새인보다 더 낫지 못하면 결코 천국에 들어가지 못하리라

옛 사람에게 말한바 살인하지 말라 누구든지 살인하면 심판을 받게 되리라 하였다는 것을 너희가 들었으나 나는 너희에게 이르노니 형제에게 노하는 자마다 심판을 받게 되고 형제를 대하여 라가라 하는 자는 공회에 잡혀가게 되고 미련한 놈이라 하는 자는 지옥 불에 들어가게 되리라 그러므로 예물을 제단에 드리려다가 거기서 네 형제에게 원망들을 만한 일이 있는 것이 생각나거든 예물을 제단 앞에 두고 먼저 가서 형제와 화목하고 그 후에 와서 예

물을 드리라 너를 고발하는 자와 함께 길에 있을 때에 급히 사화하라 그 고발하는 자가 너를 재판관에게 내어주고 재판관이 옥리에게 내어주어 옥에 가둘까 염려하라 진실로 네게 이르노니 네가 한 푼이라도 남김이 없이 다 갚기 전에는 결코 거기서 나오지 못하리라

또 간음하지 말라 하였다는 것을 너희가 들었으나 나는 너희에게 이르노니 음욕을 품고 여자를 보는 자마다 마음에 이미 간음하였느니라 만일 네 오른 눈이 너로 실족하게 하거든 빼어 내버리라 네 백체 중 하나가 없어지고 온 몸이 지옥에 던져지지 않는 것이 유익하며 또한 만일 네 오른손이 너로 실족하게 하거든 찍어 내버리라 네 백체 중 하나가 없어지고 온 몸이 지옥에 던져지지 않는 것이 유익하니라 또 일렀으되 누구든지 아내를 버리려거든 이혼 증서를 줄 것이라 하였으나 나는 너희에게 이르노니 누구든지 음행한 이유 없이 아내를 버리면 이는 그로 간음하게 함이요 또 누구든지 버림받은 여자에게 장가드는 자도 간음함이니라

1

아사히신문에서 최근에 조사한 앙케트를 보면, "인생의 리셋(새 출발) 버튼을 누를 것인가?"라는 질문에 그렇게 하고 싶다고 답한 사람이 46%였습니다. 거의 두 사람 중에 한 사람은 지금 인생의 기로에 서 있다는 말입니다.

그런데 그 이유를 순서별로 보면, 일이나 직장, 학업이 막다른 길에 들어섰다는 것이 가장 큰 이유였고, 그 다음이 내 자신이 싫다거나, 그 다음이 연애나 결혼생활이 파탄이 났거나, 혹은 질병으로 고통하고 있기 때문이라고 했습니다.

그래서 이런 사람들에게 구체적으로 인생을 어떻게 리셋 하겠는가 물었더니, 직장이나 학교를 바꾸겠다고 답한 사람이 가장 많았고, 그 다음이 해외로 이주하겠다, 다른 일을 병행하겠다, 별거나 이혼을 하겠다는 것이 그 대안이었습니다.

그러나 전문가의 견해를 보면, 인생의 리셋은 도피성 내지 삶의 현장에서 일어난 잘못된 현상을 잘라 내어 버리겠다는 생각에 몰두하다보니 실패로 끝날 확률이 매우 높다고 하였습니다. 막연하게 특별한 대안도 없는 인생의 새 출발은 오히려 더 큰 고통과 좌절만을 안겨 준다는 것입니다.

반대로 삶의 분명한 목적과 방향이 있고 거기에 따른 계획과 대안이 준비되어 있다면 새 출발의 성공률은 매우 높다고 하였습니다.

인생의 리셋 버튼을 누르고 싶다는 것 자체는 무엇을 의미하는 것입니까?

환경이 바뀌면 새 집에 새 물건으로 가득 채우듯이, 인생의 조건들도 새롭게 되면 행복해진다고 생각하기 때문입니다. 그러나 인생은 환경이나 조건이 바뀐다고 결코 행복해 지는 것이 아닙니다.

처음부터 삶의 방향과 목적이 잘못된 사람은 무엇을 바꾸어도 행복할 수 없는 것이고, 잘못된 생각과 마음을 바꾸지 못하면 고통은 더욱 가중될 것이고, 무엇을 위해 어떻게 살아야 하겠다는 분명한 대안이 없는 사람은 아무리 바꾸어도 행복할 수 없는 것입니다.

많은 사람들로부터 많은 사랑을 받는다고 행복합니까? 아닙니다. 인생은 하나님께로부터 왔기 때문에 하나님을 떠나면 바로 살 수 없고, 위로 받을 수 없으며, 인생의 빈 잔을 채울 수도 없는 것입니다.

하나님만이 우리 인생에 참 목적을 주시고, 우리 메마른 심령을 채워주시고, 자기 뜻대로 되지 않는 삶이라 할지라도 그곳에서도 참 행복을 맛보게 하십니다.

오늘 본문의 말씀은 그런 의미에서 우리 인생에서 무엇이 참된 목적이며, 어떻게 사는 것이 인생의 참된 의미인가를 밝혀주고 있습니다.

주님의 말씀과 그의 본을 따라서 순종하며 살아갈 때, 가치 있는 인생, 보람 있는 삶, 넘치는 은혜와 축복이 임하는 줄 믿습니다.

2

본문의 말씀을 들여다보면, 하나님의 말씀을 무시하고 제 마음대로 살아가는 사람들의 모습이 보입니다.

그래서 여호와의 말씀을 제 마음대로 가감하는 종교적인 문제에서부터 시작하여, 살인이며 분노며, 다툼이나 원망, 이 시대의 유행병처럼 번지는 성적인 문제나 이혼 문제들이 줄줄이 나옵니다.

그러나 과연 누가 이렇게 살고 싶어서 사는 사람들이 있겠습니까? 살다보니 원하지 않는 일을 하게 되고, 그래서 원치 않는 결과에 이르는 것입니다.

누구나 생각하기를 남들보다 더 의롭게 살고 싶고, 평화롭게 살기를 원하고, 모든 사람을 사랑하고 또 사랑받으며 살기를 원하는 것입니다. 살인이나 도둑질 하다가 감옥가고 싶은 사람은 없을 것입니다.

그러다 보니 내 잘못을 환경의 탓으로 돌리고, 남의 탓으로 돌리고 시대를 잘못 타고 난 죄라고 말하기도 합니다.

그러나 주님의 말씀은 의외로 준엄합니다.

"율법의 일점일획도 결코 없어지지 아니하고 다 이루리라" (18) 하셨고, "계명 중에 지극히 작은 것 하나라도 버리고 또 그같이 사람을 가르치는 자는 천국에서 지극히 작다 일컬음을 받을 것"(19)이라 하셨고, "너희 의가 서기관과 바리새인보다 더 낫지 못하면 결코 천국에 들어가지 못하리라"(20)고 하셨습니다.

어디 그 뿐입니까? 형제에게 화만 내어도 지옥 불에 떨어진다거나, 멸망하지 않으려면 눈을 빼어내고 팔 다리라도 자르라는 무시무시한 말씀들이 줄을 잇고 있습니다.

과연 누가 이런 말씀에 순종하여 합당한 삶을 살 수 있겠는가 하는 것입니다.

살면서 화를 한두 번 내지 않은 사람이 없으며, 알게 모르게 남의 물건에 손을 댄 사람들이 얼마나 많으며, 마음속에 음란한 마음을 품지 않은 사람들이 과연 얼마나 있겠습니까?

문제는 이런 것 때문에 지옥 불에 들어간다고 하니 정말 감당하기 어려운 말씀입니다.

3

그런데 오늘 본문 말씀은 주님이 오신 목적에서 그 뜻이 분명해 집니다. 예수님의 가르침을 보면 율법과는 관계가 없는 것처럼 보입니다. 도리어 율법을 무시하는 것처럼 보이기도 합니다.

율법이 정죄하는 사람을 주님은 도리어 용서해 주셨고, 주님 자신의 행동 또한 안식일을 범하는 것처럼 보였으며, 그의 가르치시는 것도 매우 파격적이었기 때문입니다.

그러다보니 당시의 바리새인과 서기관 같은 사람들에게서 많은 공격을 받았습니다.

그런데 주님은 17절에 무엇이라고 하셨습니까?

"내가 율법이나 선지자를 폐하러 온 줄로 생각하지 말라 폐하러 온 것이 아니요 완전하게 하려 함이라"고 하셨습니다.

이것은 그가 율법을 변형시키거나 없애거나 오해하게 만드시는 것이 아니라 도리어 온전한 하나님의 말씀으로 드러나도록 하기 위함이라는 것입니다.

사람들이 율법을 잘못 해석하고 적용함으로 말미암아 왜곡되었던 하나님의 말씀을, 제자리에 돌려놓으신다는 것입니다.

그렇다면 율법의 핵심은 무엇입니까?

지금까지 우리가 느끼는 율법의 존재는 사람의 죄를 드러내고 그것을 정죄하며, 그래서 그 죄 값을 치르도록 심판하는 것이라고 생각합니다.

율법에 이러한 기능이 없는 것은 아니지만, 사람들이 미련하고 어리석어서 율법의 참된 의미를 알지 못했기 때문에 율법이 가진 일부의 기능만 우리의 기억 속에 남아있게 된 것입니다.

율법의 핵심은 인간을 향한 하나님의 사랑입니다.

죄와는 상관없는 하나님의 의롭고 거룩한 자녀로 살아가도록 하기 위해서 말씀을 주신 것입니다.

그런데 완악하고 어리석은 인간들이 이 핵심을 놓치고 껍데기인 율법의 기준만 보았기 때문에 그 기준에 맞추는 삶을 살고자 너무도 많은 시행착오를 일으킨 것입니다.

그래서 예수님은 하나님의 말씀의 원래 의도는 그런 것이 아님을 보여 주신 것입니다.

그러다보니 사람들의 눈에는 예수님의 가르침과 행동이 파괴적이고 율법을 무시하는 것처럼 보였던 것입니다.

이러한 주님의 언행에 대하여 사도 바울은 분명한 결론을 내리고 있습니다. "그리스도는 모든 믿는 자에게 의를 이루기 위하여 율법의 마침이 되시니라"(롬 10:4)고 했습니다.

곧 율법의 완성자라는 말씀입니다. 이 말은 예수님이 이 땅에 오심으로 하나님의 말씀을 원래의 모습대로 회복시키셨다는 것입니다.

4

그렇다면 이 땅에 오신 주님의 모습은 무엇입니까?

"율법이 아니요 은혜"라고 하였습니다. 다른 말로 표현 하면 율법은 심판이고 은혜는 사랑입니다.

율법의 말씀대로 의롭지도 못하고, 거룩하지도 못한 우리를 용서하심으로 하나님의 참 사랑을 나타내셨습니다. 다시 말해서 하나님의 사랑이 죄와 허물을 없이 하는 것입니다.

율법을 주신 것은 우리 힘으로 율법이 원하는 목적에 이르게 하는 것이 아니라, 하나님의 사랑으로 원하는 목적에 이르도록 합니다.

율법이 없이는 죄를 죄로 알지도 못하며, 율법이 없었다면 하나님의 사랑조차도 알 길이 없기 때문입니다.

사도 베드로는 "무엇보다도 뜨겁게 서로 사랑할지니 사랑은 허다한 죄를 덮느니라"(벧전 4:8)고 했습니다.

주님은 우리의 죄와 허물을 십자가에서 흘리신 보혈로 깨끗하게 씻어 주셨습니다.

그분의 보혈 속에 무엇이 있었습니까? 하나님 아버지의 사랑입니다. 율법의 말씀을 하나도 지켜낼 수 없는 그렇게 연약하고 어리석은 불쌍한 인생을 향한 사랑이었습니다.

율법 속에 있는 아버지의 사랑이 그리스도의 희생을 통해 온전히 드러난 것입니다.

그래서 예수님은 율법의 완성자요 하나님 사랑의 완성자가 되셨습니다. 바로 이것이 주님이 이 땅에 오신 목적입니다.

그리스도는 불완전해진 율법을 다시 완전케 하신 분이십니다.

5

바로 여기에 오늘을 사는 그리스도인의 삶이 있습니다.

서두에 밝힌 대로 왜 세상이 분쟁과 미움과 살인으로 가득하게 되었습니까? 원인은 사랑입니다. 사랑이 없기 때문입니다.

옛날 중국이나 조선의 궁궐에는 방중술이 뛰어났다고 합니다. 절대 권력을 가진 왕은 수많은 사람들에게 둘러싸여 있었지만 오히려 고독했고, 그 고독함을 달래기 위해 많은 여자와 방중술이 필요했다는 것입니다.

왕자, 공주가 출생해도 전부 보모상궁이나 내시의 손에서 자라납니다. 궁궐 안에는 여자도 많고 시종도 많았지만 임금을 사랑하는 사람은 거의 없었습니다. 그러다보니 절대 권력자라 하여도 언제 무슨 일을 당할지 알 수 없습니다.

그러나 사랑하면 참을 수 있고, 용서할 수 있으며, 그래서 사랑만 있으면 인생을 리셋하지 않아도 됩니다.

인생에게 있어서 하나님의 사랑은 그 사랑 자체가 우리의 의가 되는 것입니다.

율법으로는 손발을 자르고 눈을 빼야 할 일이지만, 하나님의 사랑은 그 모든 것을 잃지 않게 하시고 율법의 모든 요구를 이루시면서 죄인 되었던 우리들을 온전하게 보전하여 주는 것입니다.

우리의 인간관계도 마찬가지입니다. 감정대로 하고, 세상 방식대로 하면 심판하고 싶고 복수하고 싶습니다. 남들은 물론이고 심지어 남편도, 아내도, 자식도, 부모도 용서가 안 되는 사람들이 얼마나 많습니까? 그러나 불쌍히 여기고 사랑하면, 용서가 되고 이해가 되는 것입니다.

사람을 미워하고 괴롭히면, 미워하는 사람이나 미움을 받는 사람이나 함께 괴물이 됩니다. 그러나 사랑하면 함께 하나님의 자녀가 되는 것입니다. 그러므로 말씀의 완성은 인간의 노력이나 공로를 통해 이루어지는 것이 아니라, 하나님의 사랑을 통해 이루어지는 것입니다.

6

48절에 보면, "그러므로 하늘에 계신 너희 아버지의 온전하심과 같이 너희도 온전하라"고 하셨는데, 어떻게 해야 하나님이 기뻐하시는 온전한 사람이 될 수 있습니까?

십자가를 통한 예수 그리스도의 구원의 은혜를, 하나님의 사랑을 받아들이고 감사하는 것입니다.

율법의 완성이 되신 주님이 서기관과 바리새인보다 못한 우리를 하나님의 사랑으로 천국 시민이 되게 하셨습니다.

하루에도 끊임없이 분노와 정욕으로 말미암아 마음속으로 살인과 간음을 반복하는 우리들이지만, 하나님의 사랑으로 우리의 백체가 보전되는 것입니다.

그러므로 그리스도인의 삶은 자신의 힘으로 의를 이루려고 몸부림치는 것이 아니라, 이미 받은 하나님의 사랑을 이제는 다른 사람들과 더불어 나눌 때 온전해지는 것입니다.

이 사랑에서 세상을 치유하는 능력이 나오고, 이 사랑에서 죄와 마귀를 대적하는 능력과 확신과 기쁨이 나오며, 이 사랑에서 환란 당한 이 땅 이 민족을 구원하는 능력이 임하는 줄 믿습니다. (2011. 5. 29. 오전)

4

맹세의 교훈

〈 마태복음 5:33-37

또 옛 사람에게 말한 바 헛 맹세를 하지 말고 네 맹세한 것을 주께 지키라 하였다는 것을 너희가 들었으나 나는 너희에게 이르노니 도무지 맹세하지 말지니 하늘로도 하지 말라 이는 하나님의 보좌임이요 땅으로도 하지 말라 이는 하나님의 발등상임이요 예루살렘으로도 하지 말라 이는 큰 임금의 성임이요 네 머리로도 하지 말라 이는 네가 한 터럭도 희고 검게 할 수 없음이라 오직 너희 말은 옳다 옳다, 아니라 아니라 하라 이에서 지나는 것은 악으로부터(또는 악한 자로) 나느니라

1

과학의 시대에서 인터넷만큼 사람들을 사로잡고 많은 혜택을 주는 것이 없다고 생각합니다. 거리에 나가보면, 지하철을 타보면 두 사람 중에 한 사람 정도는 너도 나도 손에 휴대폰을 들고 있고, 쉴 새 없이 통화를 하거나 문자를 전송하거나, 아니면 음악을 듣거나 게임을 하고 있습니다.

아마 조사를 해보면 우리가 사람을 만나서 주고받는 말보다는 핸드폰을 통해서 주고받는 말과 문자의 양이 훨씬 많을 것이라 생각이 듭니다.

수많은 말들이 거리에 넘치고 있습니다. 눈에 보이지 않는 전파를 통해 우리가 사는 공중에는 엄청난 말들과 문자들이며 정보들이 흘러넘치고 있습니다.

요즘은 참으로 무서운 세상이 되고 말았습니다.

스마트 폰이 쏟아져 나오면서 남녀노소를 불문하고 온갖 사람들이 트윗이니 페이스북이니 하면서 가상공간에 글을 올리고, 올린 글에는 순식간에 수많은 댓글들이 달라붙는데, 비판하는 글도 있고 지지하는 글도 있습니다.

문제는 한 번 쓴 글은 언제까지 지워지거나 사라지지 아니하고 전파를 타고 가상공간에 계속 떠돌고 있다는 사실입니다.

한 번 쏟아낸 말은 주워 담을 길이 없습니다.

사람들에게 비판하며 몰매를 맞는 글이나 사진 같은 정보들도 지워버릴 방법이 없습니다. 그래서 무서운 세상인 것입니다.

그런데 오늘날의 이런 현상에 대해서 성경은 이미 예언하듯이 말씀하고 있습니다. “사람이 무슨 무익한 말을 하든지 심판 날에 이에 대하여 심문을 받으리니 네 말로 의롭다 함을 받고 네 말로 정죄함을 받으리라”(마 12:36-37)고 했습니다.

한마디로 말해서 자신의 말에 대하여 언젠가는 반드시 책임을 져야 한다는 것입니다.

2

우리가 살다보면 말과 행동에 대한 결과가 다르게 나타날 때가 많습니다. 생각과 계획이 현실에서 어긋나기도 하고, 그래서 원치 않는 거짓말쟁이가 될 때가 많습니다. 어떤 사람들은 아예 처음부터 남을 속이려고 거짓말을 하기도 합니다.

그런데 주님은 이러한 사람들의 말에서 드러나는 심각한 폐단을 주목하셨습니다. 그들의 언어생활에 큰 문제가 있음을 지적하셨습니다. 그것은 “도무지 맹세하지 말라”는 것입니다.

어느 나라나 민족이든지 다 마찬가지겠지만, 고대의 유대인들도 거짓말하고 거짓된 말을 감추기 위해서 맹세를 남발했던 것 같습니다.

그래서 사실이 아닌 것들을 고의적으로 말함으로 사람들 사이에 혼란과 불신이 커갔습니다. 그러다보니 사소한 문제를 가지고 여호와의 이름을 남발하며 맹세했습니다.

십계명에는 분명히 "너는 네 하나님 여호와의 이름을 망령되게 부르지 말라"면서 그런 사람을 "죄 없다 하지 아니하리라"(출 20:7)고 했음에도 불구하고 사람들은 자신의 말을 남들이 믿어주기를 원하여 함부로 맹세를 남발하면서 하나님의 이름까지 증거의 도구로 삼았던 것입니다.

이런 폐단을 막기 위해 "헛 맹세를 하지 말고, 네 맹세한 것을 주께 지키라"고 했습니다. 그러나 주님은 오늘 우리에게 "도무지 맹세하지 말라"고 하심으로 맹세 자체를 거부하셨습니다.

3

왜 맹세하지 말라고 말씀하셨습니까?

첫째로 인간은 연약하기 때문입니다.

맹세는 반드시 지켜야만 하는 중대한 약속입니다. 그런데 세상은 사람들이 원하는 대로 그렇게 쉽게 굴러가지 않습니다.

분명히 정한 날짜에 내 손에 들어올 줄 알았던 돈이 도중에서 막혀 움직일 줄 모릅니다. 여행을 떠났다가도 급작스러운 사태가 발생하여 모든 일정을 취소하고 돌아가는 경우도 허다합니다. 결혼을 굳게 약속하고도 파혼 당하는 경우며, 백년해로를 약속해놓고 도중에 이혼하고 갈라서는 경우는 일도 아닙니다.

그 어떤 맹세를 해도 내가 원하는 대로 할 수 없는 것이 인생입니다.

야고보서 4장 14절에 보면, "내일 일을 너희가 알지 못하는도다 너희 생명이 무엇이냐 너희는 잠깐 보이다가 없어지는 안개"라고 했습니다.

인간이 얼마나 능력이 있는지는 몰라도, 확실한 것 한 가지는 내일을 알 수 없는 것이 인생이라는 사실입니다.

해가 떠오르면 흔적도 없이 사라져 버리는 안개와 같은 것이 인생입니다. 그러므로 그 어떤 약속이나 장담도 우리는 할 수 없습니다. 우리 인생이 하나님 앞에서 할 수 있는 것은 그 분의 도우심과 인도하심을 간구하는 것입니다.

그래서 시편기자는 하나님을 자신의 목자로 표현했습니다. 그분의 인도하심을 기다렸으며, 그분의 도우심과 채우심을 기다렸던 것입니다.

자신의 존재를 깨닫지 못하면 과욕이 생기고, 그것이 결국 인생을 파멸로 이끌기 마련입니다.

그러나 우리가 맹세하는 대신에 여호와 하나님을 우리 인생의 목자로 모시면 그분이 우리의 모든 빈 잔을 채워주시는 줄 믿습니다.

4

둘째는 사람의 맹세는 먼저 자기의 과시에서 나오며, 많은 사람들이 자기의 능력을 나타내려는 교만에서 맹세를 시작하기 때문입니다.

남들과는 다른 무엇인가를 보여 주려고 맹세를 합니다. 그런데 하나님이 가장 미워하시는 것은 다름 아닌 교만입니다. 왜냐하면 바로 이 교만한 마음이 사람으로 하여금 우상숭배에 빠지게 만들고, 교만이 하나님을 버리고 대신 자신을 믿고 의지하게 하며, 교만한 사람들이 자신은 물론 남들까지 고통하게 만들기 때문입니다.

잠언에 보면 교만이 다툼을 일으키고, "교만은 패망의 선봉이요 거만한 마음은 넘어짐의 앞잡이"(잠 16:18)라고 했습니다.

그래서 맹세하는 대신에 하나님께 우리의 모든 행사를 맡기라고 했습니다.

셋째는 우리 인간은 그 어떤 경우에도 맹세를 걸만한 것이 아무것도 없다는 사실입니다.

하늘은 하나님의 보좌요, 땅은 그 분의 발등상이요, 예루살렘 성도 여호와의 것이기 때문입니다.

천지의 모든 것이 하나님의 소유이기 때문에 인간이 만일 그 어떤 것으로 맹세를 건다면 그것은 하나님의 것을 도둑질하는 결과가 되기 때문입니다.

5

넷째는 이 세상의 모든 약속과 언약을 말씀대로 이루실 분은 창조주 하나님 한 분 밖에 없기 때문입니다.

하나님은 그 입의 말씀으로 천지만물을 창조하셨습니다.

말씀하신 대로 되었고 그래서 하나님 보시기에 좋았다고 했습니다.

죄를 범한 인간을 구원하기 위해 독생자 예수 그리스도를 이 땅에 보내시겠다고 약속하신 분은 하나님이시요, 그 일을 약속하신대로 이루시는 분도 하나님이십니다.

그러므로 민수기 23장 19절에, "하나님은 사람이 아니시니 거짓말을 하지 않으시고 인생이 아니시니 후회가 없으시도다 어찌 그 말씀하신 바를 행하지 않으시며 하신 말씀을 실행하지 않으시랴"고 했습니다.

이 하나님은 아브라함과의 약속을 후대에까지 잊지 않으시고 이루어 주셨습니다. 오시리라 하신 메시야를 이 땅에 보내셨고 그를 통하여 온 인류에게 구원의 길을 아낌없이 열어 주셨습니다.

그러나 모든 왕들과 나라와 권세들이며 모든 지혜자들은 자신의 말대로 약속들을 지킬 수 없었습니다.

이유가 무엇입니까? 안개와 같이 연약한 인생이요, 하나님의 손에 의해 만들어진 피조물이요, 죄를 범한 죄인들이기 때문입니다.

6

그렇다면 과연 하나님 앞에 복 받을 인생이 누구입니까?

인간으로서의 자신의 무능함을 있는 그대로 고백하고, 오직 하나님의 자비하심과 그 은혜, 그의 도우심을 간구하는 사람입니다.

우리는 바로 보고 바로 깨달아야 합니다. 다시 말해서 무능한 인생이 맹세하는 것은 다 거짓에서 나온다는 사실입니다. 그러므로 우리는 오늘부터 진실만을 말하는 습관을 가져야 합니다.

어떻게 하면 됩니까?

본문 37절에 보면, "너희 말은 옳다 옳다, 아니라 아니라 하라 이에서 지나는 것은 악으로부터 나느니라"하였습니다. "절대로, 참말로" 이런 수식어를 보탤 필요가 없습니다. 우리의 언어생활에서 "예"와 "아니오"를 넘어가는 것은 2가지 큰 죄악에 빠질 수 있다는 사실을 알아야 합니다.

첫째는 허위이고, 둘째는 망령된 것입니다.

허위라는 것은 맹세를 어겼거나, 완전히 이루지 못했을 때 일어나는 것이고, 망령되다는 것은 하나님을 속이고 무시하는 것을 말합니다.

7

우리의 몸으로 하나님께 영광 돌리라고 했는데, 우리는 입술로 많은 허물을 얻고 말았습니다.

성경을 보면, 하나님 앞에 입술로 가장 많이 범죄한 시대가 말라기 시대였습니다. 말라기 3장 13절에 보면, "너희가 완악한 말로 나를 대적하고도 이르기를 우리가 무슨 말로 주를 대적하였나이까 하는도다"라고 하여, 그들은 "하나님을 섬기는 것이 헛되다"고 하였고, "교만한 자가 복되고 악을 행하는 자가 번성하며 하나님을 시험하는 자가 화를 면한다"고 하였습니다.

그들은 하나님 두려운 줄 모르고 함부로 말했습니다. 그러나 우리의 입술은 오직 예수 그리스도의 구원을 시인하고, 은혜의 하나님을 찬미하고, 그의 영광을 만방에 전파하는 거룩한 도구로 사용해야 할 것입니다.

다시 생각해 보지만 왜 맹세를 하면 안 됩니까?

인간은 스스로 소원을 이룰 수 없는 존재이기 때문입니다.

자기의 머리에 난 흰머리 하나 검게 할 수 없습니다.

하물며 어찌 남의 소원인들 이루어 줄 수 있겠습니까?

정말 우리의 삶 가운데 맹세가 필요합니까?

그렇지 않습니다. 우리 가운데 하나님의 말씀이 살아 있다면 맹세할 이유가 없습니다.

오늘날도 수많은 맹세와 꾸며낸 말들은 그리스도인의 품위와 가치를 떨어뜨리고, 심지어 자신의 말이 스스로의 올무가 되어 사로잡히는 비참한 결과를 낳습니다.

맹세의 결과는 모두 죄악입니다. 악으로부터 나는 것입니다.

사람의 맹세는 스스로 자신을 과신하는 것이며 동시에 남을 속이는 행위입니다.

하나님의 사람들은 자신의 연약함을 인정하고, 오직 그 분의 도우심을 구하며, 내 뜻이 아닌 내 맹세가 아닌, 오직 하나님의 뜻이 우리의 삶 한 가운데서 이루어지기를 소원하는 사람들인 줄 믿습니다. (2011. 6. 12. 오전)

5

남보다 더 하는 것

〈 마태복음 5:38-48

또 눈은 눈으로, 이는 이로 갚으라 하였다는 것을 너희가 들었으나 나는 너희에게 이르노니 악한 자를(또는 악을) 대적하지 말라 누구든지 네 오른편 뺨을 치거든 왼편도 돌려 대며 또 너를 고발하여 속옷을 가지고자 하는 자에게 겉옷까지도 가지게 하며 또 누구든지 너로 억지로 오리를 가게 하거든 그 사람과 십리를 동행하고 네게 구하는 자에게 주며 네게 꾸고자 하는 자에게 거절하지 말라

또 네 이웃을 사랑하고 네 원수를 미워하라 하였다는 것을 너희가 들었으나 나는 너희에게 이르노니 너희 원수를 사랑하며 너희를 박해하는 자를 위하여 기도하라 이같이 한즉 하늘에 계신 너희 아버지의 아들이 되리니 이는 하나님이 그 해를 악인과 선인에게 비추시며 비를 의로운 자와 불의한 자에게 내려주심이라 너희가 너희를 사랑하는 자를 사랑하면 무슨 상이 있으리요 세리도 이같이 아니하느냐 또 너희가 너희 형제에게만 문안하면 남보다 더 하는 것이 무엇이냐 이방인들도 이같이 아니하느냐 그러므로 하늘에 계신 너희 아버지의 온전하심과 같이 너희도 온전하라

1

어느 목사님의 수필에 나온 내용입니다. 남편이 아내와 3자녀를 버리고 다른 여자와 도망을 가자 홀몸으로 모진 고생을 하며 3자녀를 대학까지 보내고, 20여 년의 세월을 교회를 섬기면서 권사의 직분까지 받아 충성한 여 성도님이 계시는데, 나이 50이 넘어 신부전 합병증으로 임종을 맞이하게 되어 목사님이 심방을 가셨다고 합니다.

임종을 앞두고 남편이 찾아왔는데 온갖 저주를 퍼붓고는 쫓아내었다고 합니다. 그런데 이제는 목사님의 말씀을 듣고 용서한다고 하면서 운명했다고 합니다.

그런데 그 목사님의 마음에는 한 가지 의문이 남았습니다. 왜 죄 지은 사람은 지금까지 건강하고 잘 사는데, 억울하게 버림당한 권사님은 도리어 평생을 고통으로 살다가 먼저 가야만 했는지 그것을 모르겠다고 했습니다.

여기에 대한 하나님의 답이 무엇인 줄 아십니까? 죄 지은 사람의 죄보다 믿는 사람이 그 사람의 죄를 용서해 주지 못하는 죄가 더 크다는 사실입니다.

결국 용서란 상대를 위한 것이기보다는 나 자신을 위한 것임을 알 수 있습니다.

하나님의 백성은 남보다 더 하는 것, 즉 세상 사람들과는 차원이 다른 삶을 살아야 함을 말하고 있습니다.

오늘 우리가 만나는 산상수훈의 내용은 하나님과 우리의 관계, 그리고 사람들과의 관계를 어떻게 해야 하나님이 기뻐하시는 삶을 살 수 있는 것인가에 대한 내용입니다.

세상 사람들처럼 살아서는 결코 하나님이 기뻐하시는 삶을 살 수가 없습니다.

결국 남다르게 이웃을 사랑하라, 원수를 사랑하라는 말씀인데, 우리의 이웃이나 원수는 누구를 말하는 것이며, 또 어떻게 해야 사랑하는 것입니까?

주님이 명령하시는 이웃 사랑, 원수 사랑이 무엇인지 구체적으로 살펴보면서 사랑의 근본이신 주님의 사랑에 남은 생애를 온전히 드리는 저와 여러분이 되었으면 합니다.

2

46절에 보면, "너희가 너희를 사랑하는 자를 사랑하면 무슨 상이 있으리요 세리도 이같이 아니하느냐"라고 했습니다.

다시 말해서 이런 것은 참 사랑이라고 할 수 없다는 것입니다.

여기에 대해서 영국의 존 스토트(J. Stott) 목사님은 사랑에 관해 말하기를, "인간의 가장 선하고 고귀한 사랑까지도 어느 정도 이기적인 불결함에 더럽혀져 있다. 그러므로 하나님의 초자연적인 은총이 없다면 이기적인 것이 없는 사랑이란 불가능하다. 만약 우리가 우리를 사랑하는 사람만 사랑한다면 우리는 사기꾼이나 다름이 없다."고 했습니다.

또한 우리의 형제자매, 즉 믿는 사람들끼리만 인사를 나눈다면 우리는 이방인이나 다름이 없다고 했습니다.

이유가 무엇입니까? 이방인들도 자기들끼리는 서로 인사를 잘 나누기 때문입니다. 그래서 예수님은 47절에서, "남보다 더 하는 것이 무엇이냐"고 하셨습니다.

이방인들은 그들의 필요를 따라 움직이지만 하나님의 백성들은 하나님의 다스림, 하나님의 의와 사랑을 구해야 하기 때문입니다.

그러므로 선으로 선을 갚고 악으로 악을 갚는 것은 아무런 유익이 없다는 것입니다. 이것은 하나님을 떠난 세속적인 사람들조차도 좋아하지 않는 일입니다.

주님이 우리에게 말씀하시는 사랑은 한 마디로 남다른 사랑입니다. 본문에서 말하고 있는 이웃은 이스라엘 사람 자신들로 동포를 의미하며, 원수는 개인적인 적대자보다는 이스라엘 공동체의 공공의 적을 의미하고 있습니다.

당시 이스라엘 사람들은 원수는 악인으로 생각하고, 이 악인의 부류에 세리와 이방인들도 포함시켰고, 그들을 멸시의 대상으로 삼았다고 합니다.

그들은 하나님의 은총의 바깥에 있는 사람들이라 생각했기 때문에 그들을 향한 차별은 이스라엘 선민으로서는 매우 당연한 일이라 생각했습니다.

3

그러나 주님은 "너희 원수를 사랑하며 너희를 박해하는 자를 위하여 기도하라"고 하셨습니다. 이유가 무엇입니까?

이것이 하나님 자녀 된 표시이며, 제자 된 자의 가장 중요한 증거가 되기 때문이요(45), 원수까지도 사랑할 수 있는 자야말로 참 하나님의 아들이라는 것입니다. 왜냐하면 자녀는 부모를 닮기 때문이고, 제자는 스승의 성품을 닮기 때문입니다.

하나님의 백성, 하나님의 자녀라면 반드시 하나님의 성품을 닮아가는 것입니다. 그래서 하나님은 우리에게 "내가 거룩하니 너희도 거룩하라"고 하셨습니다.

세상은 오는 정이 있어야 가는 정도 있다고 말합니다. 이 말이 무엇을 의미하는 것입니까?

세상 사람들에게는 지극히 당연한 것이지만, 하나님 편에서 볼 때는 이것은 더러운 거래를 의미하는 것입니다. 세상 사람들은 지금도 사랑이라는 명목 아래 실제로는 매우 더러운 거래를 하고 있습니다.

그래서 주님은 그런 사랑에서 벗어나서 참 사랑을 하라고 말씀하고 있습니다.

이렇게 사랑이라는 이름을 빙자한 행위는 하나님이 미워하시는 것입니다. 그래서 하나님은 이 세상에서 참 사랑이 무엇인가를 우리에게 보여 주셨습니다.

그것은 하나님의 품에 계시는 독생자 예수 그리스도를 십자가에 내어 주심으로 우리를 향하신 참 사랑을 나타내셨습니다.

그러므로 원수까지도 사랑하라는 것입니다.

4

그런데 46절의 말씀을 보면, 우리가 온전한 사랑을 행할 때에는 분명한 상이 있다는 사실을 알 수 있습니다.

우리가 세상에서 상을 받으려면 다른 사람들처럼 해서는 결코 상을 받을 수 없습니다.

남들보다 뛰어나야 합니다.

사람들과의 관계도 마찬가지입니다. 상대방의 관심을 사고, 친밀해지고, 남들보다 더 가까운 관계를 유지하려면 그 사람에 대한 배려가 남들과는 달라야 합니다.

이것은 신앙의 세계도 마찬가지입니다. 남들처럼 해서는 특별한 은혜, 남다른 축복을 받아 누릴 수 없습니다.

오늘 본문이 바로 이것을 말씀하고 있는 것입니다.

하나님의 백성들은 반드시 남들보다 뛰어나야 하며, 남다른 무엇이 있어야 한다는 것입니다.

그래서 38-42절의 말씀을 보면, 하나님이 우리에게 요구하시는 삶이 남다른 것임을 알 수 있습니다.

율법시대에는 눈에는 눈, 이에는 이로 갚는 것에 아무런 문제가 없었습니다. 그러나 주님은 남들처럼 행동해서는 아무런 유익이 없다는 것을 말씀하고 계십니다.

하나님이 요구하시고 기뻐하시는 삶이란 오른편 뺨을 치면 왼편 뺨도 돌려 댈 수 있어야 합니다.

내 속옷을 빼앗고자 하는 사람에게 겉옷까지도 내어주라는 것입니다. 억지로 동행하게 하려는 자에게 그가 요구하는 것보다 더 멀리 동행하라고 하십니다.

그리고 구하는 자에게 주며, 꾸고자 하는 자에게 거절해서는 안 된다고 했습니다. 바로 이것이 남다른 삶이요, 남보다 더 하는 것입니다.

주님의 이런 가르침은 어디서 온 것입니까? 사랑의 근본이신 하나님께로부터 온 것입니다.

어떻게 온 것입니까? 독생자 예수 그리스도의 십자가 사건을 통하여 우리에게 온 것입니다.

5

지난번에 한국 가서 만난 한 권의 책이 있습니다.

미국에서 목회를 하고 계시는 김영봉 목사님의 「사랑하는 사람은 누구나 아프다」라는 제목의 책입니다.

이것은 윌리엄 폴 영이라는 미국 사람이 쓴 「오두막」이라는 소설을 읽고 그 내용을 정리해서 내놓은 책인데 많은 감명을 받았습니다.

「오두막」의 저자 윌리엄 폴 영은 선교사 자녀로 태어나 부모를 따라 뉴기니로 가서 그곳에서 원주민들과 함께 생활하다가 그들에게 성폭행을 당했습니다. 그런 숨기고 싶은 치욕적인 아픔의 기억들을 묻어둔 마음의 깊은 곳이 바로 그 책입니다.

소설 속의 주인공 맥은 연속 살인범에게 자녀를 피살당하고 고통 속에 스스로 갇혀 살다가 주님을 만나 치유되고 변화되는 과정을 체험하게 됩니다.

그러나 이 책이 세상에 나오기까지는 무려 29개의 출판사로부터 거부를 당했습니다. 이유는 소설책에 예수에 대한 이야기가 너무 많다는 것입니다.

그러나 2007년 출판된 이래 곧장 아마존의 베스트셀러가 되었고, 전 세계 언어로 번역이 되어 인기를 얻고 있습니다. 이 책이 많은 교회에서 소그룹 모임의 교재로 사용되고 있을 정도라고 합니다.

그런데 김영봉 목사님은 자신의 책에서 밝히고 있는 사실은, 「오두막」의 저자나 그 책 속의 주인공뿐만이 아니라 이 세상 사람들은 누구나 다 아프다는 것입니다. 누구나 숨겨진 상처가 있고, 숨겨진 분노와 슬픔, 혼란이 있다는 것입니다.

심각한 문제는, 치유되지 못한 이런 상처나 숨겨진 것들을 방치하면 그것이 우리의 성품과 기질, 삶에 심각한 영향을 미친다는 것입니다. 그래서 우리의 인생을 파괴시키고 상처가 치유되지 않은 사람들은 또 다른 사람들을 고통하게 만든다는 것입니다.

6

오늘 우리가 기억해야 할 것은 우리를 향하신 하나님의 사랑은 그저 맹목적인 눈이 어두운 사랑이 결코 아니라는 사실입니다. 그 분은 우리 안에 너무도 많은 상처와 숨겨진 고통과 분노가 있음을 아시기 때문에 자신의 아들까지 기꺼이 희생해 주셨다는 사실입니다.

겉으로는 멀쩡해 보이지만 우리 각자의 마음속에는 숨겨진 아픔이 있고 상처가 있습니다.

사람들은 그런 사실을 눈치 채지 못하고 지나가지만 주님은 우리의 가장 깊은 곳까지 잘 알고 계셨던 것입니다.

왜 우리가 사람들을 미워하고, 그들을 향해 분노하고, 멀리하려고 합니까? 그 사람을 잘 모르기 때문이라고 생각합니다.

그 사람도 나처럼 숨겨진 아픔이 있고, 슬픔이 있고, 숨겨진 상처가 있음을 알게 된다면, 우리의 생각과 태도는 달라질 것입니다.

'아! 이 원수 같은 인간에게도 남모르는 아픔이 있구나.'

'이 무뚝뚝한 남자에게도 슬픔이 숨어 있구나.'

'저 여우같은 여자에게도 숨겨진 남모르는 상처가 많구나.'

이렇게 생각할 때 우리의 태도는 달라질 것입니다.

그러다 보면 주님이 오늘 본문에서 하시는 말씀의 의미가 무엇인가를 이해하기 시작하는 것입니다.

사실 그러고 보면 우리를 향하신 주님의 요구는 그렇게 어려운 말씀이 아니라는 것을 알 수 있습니다. 바로 여기서부터 우리는 예수님을 닮아가며, 여기서부터 하나님의 사랑이 어떤 것인가를 알기 시작하는 것이라 생각합니다.

7

우리 주위에는 문제의 자녀들이 많습니다. 그런데 이 문제의 자녀들의 공통된 특징이 있습니다. '왜 부모가 날 더 사랑해 주지 못하는가?' 한다는 것입니다. 이런 사실에 불만이 많습니다.

그런데 그런 아이들일수록 부모의 사랑을 더 많이 받고 있는 경우가 많습니다. 왜 이런 현상이 일어납니까? 이유는 간단합니다. 그들이 부모님을 덜 사랑하기 때문입니다.

자식으로서 부모님을 존경하거나 사랑하지 않기 때문에 부모님의 사랑을 모르는 것입니다.

마찬가지로 우리는 하나님의 사랑을 받아 누리는데 아무런 부족함이 없는 존재입니다. 그럼에도 불구하고 왜 하나님은 나의 기도를 들어 주시지 않는가 하며 불평합니다.

하나님이 나만 차별하고 계신다고 생각합니다. 그래서 신앙생활을 해도 불평이고 만족이 없고 재미가 없는 것입니다.

우리의 불만은 하나님의 사랑이 부족해서 나오는 것이 아니라 내가 하나님을 덜 사랑하기 때문입니다.

저 십자가를 바라보시기 바랍니다. 저곳에서 무슨 일이 일어났는지, 그리고 그곳에서 일어난 일들이 나와 내 자녀들과 무슨 관계가 있는지 생각해야 합니다.

하나님은 우리 안에도 너무나 많은 상처와 슬픔과 분노, 그리고 고통이 있음을 잘 아셨기 때문에 십자가에서 우리를 품으셨고, 무조건 우리를 용서하셨고, 자녀 삼아 주신 것입니다.

8

오늘 주님은 우리에게 중요한 메시지를 주고 계십니다.

"나는 너희에게 이르노니 너희 원수를 사랑하며 너희를 박해하는 자를 위하여 기도하라"는 말씀입니다.

곧 사랑의 행함에 있어서 남들과는 달라야 하며, 남들과는 다른 사랑으로 행할 때, 우리가 하나님의 자녀라 일컬음을 받으며, 동시에 그 사랑에 대한 상이 있다고 약속하셨습니다.

인도의 성자 간디는 청년 시절에 산상수훈에 관한 설교를 읽고 은혜를 체험했고, 남아프리카에 가서는 톨스토이의 책을 읽고 감명을 받았다고 합니다. 톨스토이는 하나님의 나라는 당신의 마음속에 있다고 했습니다.

그 후 간디는 인도에 돌아와 이것을 실천함으로 인도를 살리고 무저항주의의 선구자가 된 것입니다. 간디는 말씀을 통해서 남들보다 다른 것이 무엇인가를 잘 알았던 것입니다.

결국 48절의 "온전한 사람"이란 다름 아닌 원수를 억지로 용서하고 이해하는 것이 아니라, 원수 된 그 사람에게도 나처럼 숨은 상처와 고통이 있음을 알고 그를 불쌍히 여기는 데서부터 시작되는 것입니다.

그 때 내 안에 있는 상처는 작아지기 시작하고, 무겁게만 보였던 내 안의 짐들은 가벼워지기 시작하는 것입니다.

그리고 모든 사람들이 나처럼 예외 없이 이런 아픔과 상처를 가지고 고통하며 외롭게 살아간다는 사실을 알면서 우리는 예수 그리스도의 모습을 닮아가며, 그 분이 행하신 사랑을 우리도 넉넉히 행할 수 있는 줄 믿습니다.

주님은 오늘도 이런 사람을 찾고 계시며, 이런 사람들이 주님의 사랑을 나타내고 증거 하는 일에 많은 열매를 맺을 수 있도록 은혜와 축복을 더해 주시는 줄 믿습니다. (2011. 6. 19. 오전)

6

하늘의 영광, 땅의 영광

〈 마태복음 6:1-18

사람에게 보이려고 그들 앞에서 너희 의를 행하지 않도록 주의하라 그리하지 아니하면 하늘에 계신 너희 아버지께 상을 받지 못하느니라 그러므로 구제할 때에 외식하는 자가 사람에게서 영광을 받으려고 회당과 거리에서 하는 것 같이 너희 앞에 나팔을 불지 말라 진실로 너희에게 이르노니 그들은 자기 상을 이미 받았느니라 너는 구제할 때에 오른손이 하는 것을 왼손이 모르게 하여 네 구제함을 은밀하게 하라 은밀한 중에 보시는 너의 아버지께서 갚으시리라

또 너희는 기도할 때에 외식하는 자와 같이 하지 말라 그들은 사람에게 보이려고 회당과 큰 거리 어귀에 서서 기도하기를 좋아하느니라 내가 진실로 너희에게 이르노니 그들은 자기 상을 이미 받았느니라 너는 기도할 때에 네 골방에 들어가 문을 닫고 은밀한 중에 계신 네 아버지께 기도하라 은밀한 중에 보시는 네 아버지께서 갚으시리라 또 기도할 때에 이방인과 같이 중언부언하지 말라 그들은 말을 많이 하여야 들으실 줄 생각하느니라 그러므로 그들을 본받지 말라 구하기 전에 너희에게 있어야 할 것을 하나님 너

희 아버지께서 아시느니라

그러므로 너희는 이렇게 기도하라 하늘에 계신 우리 아버지여 이름이 거룩히 여김을 받으시오며 나라가 임하시오며 뜻이 하늘에서 이루어진 것 같이 땅에서도 이루어지이다 오늘 우리에게 일용할 양식을(또는 내일 양식을) 주시옵고 우리가 우리에게 죄 지은 자를 사하여 준 것 같이 우리 죄를 사하여 주시옵고(헬, 빚진 자를 탕감하여 준 것 같이 우리의 빚도 탕감하여 주시옵고) 우리를 시험에 들게 하지 마시옵고 다만 악에서(또는 악한 자에게서도) 구하시옵소서 (나라와 권세와 영광이 아버지께 영원히 있사옵나이다 아멘) 너희가 사람의 잘못을 용서하면 너희 하늘 아버지께서도 너희 잘못을 용서하시려니와 너희가 사람의 잘못을 용서하지 아니하면 너희 아버지께서도 너희 잘못을 용서하지 아니하시리라

금식할 때에 너희는 외식하는 자들과 같이 슬픈 기색을 보이지 말라 그들은 금식하는 것을 사람에게 보이려고 얼굴을 흉하게 하느니라 내가 진실로 너희에게 이르노니 그들은 자기 상을 이미 받았느니라 너는 금식할 때에 머리에 기름을 바르고 얼굴을 씻으라 이는 금식하는 자로 사람에게 보이지 않고 오직 은밀한 중에 계신 네 아버지께 보이게 하려 함이라 은밀한 중에 보시는 네 아버지께서 갚으시리라

1

마태복음 6장에서 기본적으로 강조하고 있는 것은 3가지입니다. 구제와 기도와 그리고 금식에 관한 내용입니다. 이것은 구원받은 천국 시민으로서의 기본적인 삶의 내용을 다루고 있습니다.

그 가운데 '구제'는 유대인들이 자신들의 신앙을 구체적으로 표현하는 행위 중에 가장 중요한 수단으로 여겼고, '기도'는 영혼의 호흡과 같은 것으로 하나님과 인격적인 만남으로 대화하는 것으로 생각했고, '금식'은 개인의 경건생활에 없어서는 안 될 중요한 규범으로 생각했습니다.

유대인들은 주로 일 년에 한 번씩 대속죄일에 모든 사람들과 함께 금식했습니다. 개인의 금식은 자신의 죄를 고백하고, 고민이나 문제, 큰 어려움에 빠졌을 때 하나님의 도우심을 구하는 수단으로 금식했습니다. 이런 것은 이슬람교도들의 의무에서도 나타나고 있습니다. 이슬람은 신앙고백, 하루 5번의 기도, 금식, 구제, 그리고 성지순례를 신앙의 5대 의무로 정하고 있습니다.

문제는 사람들이 신앙적인 규범을 가지고 하나님께 영광을 돌리기보다는, 자신의 개인적인 욕망의 분출구로 삼으려 한다는 사실입니다. 그래서 기도나 구제, 그리고 금식들이 신앙인들 가운데서 육신의 자랑스러운 도구로 이용당하고 있다는 것입니다.

그래서 주님은 "사람에게 보이려고 그들 앞에서 너희 의를 행하지 않도록 주의하라"고 하시면서, 잘못하면 "너희 아버지께

상을 받지 못할 것"이라 경고하심으로 우리가 이런 부분에서 조심한다면, 장래에 소망이 있으며, 하나님 나라에서 큰 상을 받을 것을 약속하셨습니다.

2

본문의 '구제', '기도', '금식' 이 세 가지는 믿음으로 바로 행하기만 하면 상이 있을 것이라고 하셨는데, 이것들을 잘 살펴보면 공통점이 있음을 발견하게 됩니다.

첫째는 은밀하게 하라는 것이고, 둘째는 반드시 상이 있다는 것이고, 셋째는 세상 사람들은 물론이고 하나님의 관심의 대상이 된다는 것이고, 넷째는 잘못 행하면 상은커녕 하나님 앞에 심판을 받는다는 사실입니다.

예수님 당시의 유대인들이나 오늘 우리 신앙인들이 공통적으로 추구하는 것이 무엇입니까? 이 세상에서의 영광이요 상이요 인정받는 것입니다. 요즘 세상 풍조는 나중에는 산수 갑산을 갈망정 지금이 중요하다는 것입니다.

텔레비전에 나오는 배우, 탤런트, 가수 등의 사람들은 잠시 잠깐의 인기와 욕심을 채우기 위해서는 온 몸을 마치 로봇처럼 개조하기를 두려워하지 않습니다. 그러다가 인기가 떨어지고 내 뜻대로 안되면 쉽사리 삶을 포기합니다.

왜 사람들은 잠시 잠깐 있다가 사라지는 신기루처럼 허무한 세상의 영광에 집착하고 있습니까? 교만한 마음 때문입니다.

남들보다 더 높은 곳에 올라가려고 하는 마음, 남들보다 더 많은 것을 누리려고 하는 마음, 경쟁에서 이기려고 하는 마음이 문제입니다. 그러나 성경을 보면 이 같은 교만한 마음은 전부 죄에서 온 것임을 알 수 있습니다. "욕심이 잉태한즉 죄를 낳고 죄가 장성한즉 사망을 낳느니라"(약 1:15)고 했습니다.

남들보다 더 높아지고자 하는 마음이 잘못된 것입니다.

바로 이런 마음이 천사를 마귀로 만든 것입니다.

허황된 마음과 허영심이 가룟 유다로 하여금 예수님을 배반하도록 만들었습니다. 그래서 기도하면서도 그 기도를 하나님이 아닌 사람들에게 보이려고, 기도의 내용을 사람들이 듣도록 외식하는 것입니다. 구제하면서도 남들이 알아주기를 원해서 나팔을 불고, 금식하면서 금식을 자랑하는 것입니다.

본문에서 반복되고 있는 「외식」이라는 단어는 헬라어로 〈휘포크리테스〉라고 하는데, 이것은 가면을 쓴 존재를 말합니다.

남에게 보이기 위해 거짓으로 말하고 거짓으로 행동하는 것을 의미합니다. 이유가 무엇입니까? 「자기 상」, 즉 세상에서 받는 영광이 그 목적이기 때문입니다.

3

그러나 하나님이 우리에게 원하시는 삶은 이런 것이 아닙니다. 도리어 구제나 기도나 금식을 남들이 알지 못하도록 은밀하게 하라는 것입니다. 이유가 무엇입니까?

구제나 기도나 금식은 세상의 영광을 얻을 목적으로 행하는 것이 아니라, 하늘나라에서 영원히 얻을 상을 위해 존재하는 것이기 때문입니다.

하나님 백성으로서의 삶이 어떤 것입니까? 하나님의 나라와 그의 의를 구하는 것입니다. 이것을 위해 자신을 희생하고 자신의 생명까지도 희생하기를 기뻐하는 것입니다.

그러므로 구제하는 동기도 자신의 의로움을 나타내거나 신앙인으로서의 의무가 아니라, 가난하고 연약한 인생을 불쌍히 여기는 마음에서 나와야 하는 것입니다.

마치 우리를 위해 하나님께서 그 아들을 십자가에 내어 주심같이, 마치 예수 그리스도께서 우리를 살리기 위해서 스스로 십자가에서 희생하기를 기뻐하셨듯이 그런 마음, 그런 자세로 구제에 임하고 사랑을 베풀어야 한다는 것입니다.

만일 우리가 다른 목적으로 구제에 임한다고 하면, 가난한 자의 고통을 이용하여 하나님과 더러운 거래를 하는 결과를 만드는 것입니다. 기도도 그렇습니다.

유대인들은 기도를 이용하여 자신이 매우 경건하고 의로운 종교인이라는 것을 많은 사람들에게 보여주기 위해서 일부러 복잡한 시장 거리로 나가서 그 어귀에 서서 큰 소리로 기도하기를 좋아했다고 합니다.

오늘 본문의 말씀을 보면, 아마 예수님도 시장에서 그런 사람들을 자주 목격하신 것을 알 수 있습니다. 그래서 예수님은 할 수 있으면 골방에서 은밀한 가운데 기도하라고 하셨습니다.

이유가 무엇입니까? 기도는 사람이 들어야 할 것이 아니라 하나님이 들으셔야 하기 때문입니다.

사람이 듣는 기도는 한두 번의 칭찬으로 끝나기 마련이지만, 전능하신 하나님이 들으시는 기도는 능력과 기적과 역사가 일어나기 때문입니다.

4

금식도 마찬가지입니다. 예수님 당시의 바리새인들은 일주일에 두 번 정기적으로 금식했다고 합니다.

월요일과 목요일쯤에 금식하는데, 이때는 자신이 금식하는 사람임을 멀리서도 알아볼 수 있도록 씻지도 아니하고 머리는 산발을 하고, 창백한 모습으로 굶주림으로 고통을 당하고 있는 것처럼 보이기 위해 얼굴에 횟가루를 바르는 자들도 있었다고 합니다.

그러나 금식은 하나님 앞에 죄를 회개하고, 자신을 더욱 낮춤으로 오직 하나님의 긍휼을 구하는 인간으로서의 마지막 신앙적인 행동입니다.

그런데 어떤 사람들은 개인의 영광을 위해, 사람들의 칭찬과 인정을 받기 위해서 하나님이 제일 미워하시는 위선 속에 빠지고 말았던 것입니다. 이런 사람들 속에서 무엇을 볼 수 있습니까? 하나님 두려워하지 않는 마음을 볼 수 있습니다. 믿음으로 사는 것이 아니라 세상의 영광을 얻으려는 속임수를 쓰고 있는 것입니다.

교회를 건축하고 그 공로를 남기기 위해서 성전 주춧돌이나 어떤 지정한 곳에 자신의 이름을 새기고, 심지어 교회 의자 하나하나에 사람들의 이름이 기록된 것을 볼 수 있습니다.

이 모든 것이 시대의 징조입니다. 말세의 징조입니다.

신앙이 무너지는 위기 시대를 나타내는 것입니다.

구제나 기도나 금식이 왜 필요합니까?

세상 욕심과 정욕을 따라가는 자신을 향한 채찍질이요, 우리보다 앞서 가시면서 사랑과 믿음의 본을 보여 주시는 예수님을 닮아가는 수단입니다.

5

그런데 예수님 당시의 사람들이나 오늘 우리 시대의 사람들의 공통점이 있습니다. 구제나 기도나 금식을 반복하면서 예수님을 닮아가는 것이 아니라 도리어 점점 더 교만해지고, 점점 더 허영과 욕심으로 충만해지고 있다는 사실입니다.

그래서 기도 많이 한다고 하는 사람들 중에 예수님의 형상을 잃어버린 채 살아가는 사람들이 많습니다.

은밀한 가운데 행해야만 하는 구제나 선행이 자랑거리가 되고 있으며, 금식을 통해 얼굴에 광채가 나야 하는데 꼭 마귀 형상을 하고 있는 사람들이 있습니다.

왜 반대 현상이 일어나고 있습니까? 그 이유가 무엇이라고 생각합니까? 하늘의 영광이 아닌 땅의 영광을 구하고 있기 때문입니다. 그래서 주님은 "자기 상을 이미 받았느니라"고 하심으로 하늘에서 받을 상이 없음을 미리 밝히고 계시는 것입니다.

기도는 말을 많이 하는 것에 의미가 있는 것이 아니라 주님을 믿고 의지하는 것에 그 목적이 있는 것입니다.

믿음의 사람들은 세상에서 받는 영광이 얼마나 허무한 것이며, 그것이 얼마나 부실하고 연약한 것인지 잘 알고 있습니다.

그래서 믿음의 영웅들은 세상에서 받는 잠시 잠깐의 자기 상이 아니라, 영원한 상을 바라보고 하나님이 주시는 면류관을 받기까지 인내함으로 믿음을 경주하였습니다.

히브리서 기자는 밝히기를, "믿음이 없이는 하나님을 기쁘시게 하지 못하나니 하나님께 나아가는 자는 반드시 그가 계신 것과 또한 그가 자기를 찾는 자들에게 상 주시는 이심을 믿어야 할지니라"(히 11:6)고 했습니다.

6

참 믿음의 사람들은 세상 사람들의 생각과 시선을 중요하게 생각하지 않습니다. 항상 하나님이 어떻게 보시는가에 초점을 맞추고 살아가는 것입니다.

세상에서의 어떤 보상이나 영광을 기뻐하지 않습니다. 이는 "현재의 고난은 장차 우리에게 나타날 영광과 비교할 수 없는" (롬 8:18) 것임을 알기 때문입니다.

우리는 비록 세상 가운데 있지만 세상에서 받는 영광을 기뻐하지 않는 것은, 하나님이 주시는 영원한 영광, 시간이 가도 모든 것이 바뀌어도 영원히 변하지 않는 영광을 주님으로부터 받아 누릴 것을 확신하기 때문입니다.

주님은 이런 사람들에게 분명하게 약속하셨습니다.

믿음으로 구제하고 기도하며 금식하는 자들에게는, "네 아버지께서 갚으시리라"(6)는 것과, "은밀한 중에 보시는"(18) 하나님이 계신다는 것을 말씀하셨습니다.

바로 이것이야말로 땅의 영광이 아닌 하늘 아버지께서 주시는 하늘의 영광이요 영원한 영광인 줄 믿습니다.

잠시 잠깐 후면 우리를 기다리는 하늘의 영광 속으로 우리 모두가 들어갈 것입니다. 그 때는 세상의 모든 영광이 얼마나 부질없고 허무한 것인가를 알게 될 것입니다.

썩지도 아니하고 다함도 없는 영원한 하늘나라의 영광, 그 상급을 바라보고 오늘도 구제와 기도와 금식으로 하나님께 영광 돌리는 우리 모두가 되기를 소원합니다. (2011. 6. 27. 오전)

7

보물창고

〈 마태복음 6:19-24

너희를 위하여 보물을 땅에 쌓아 두지 말라 거기는 좀과 동록이 해하며 도둑이 구멍을 뚫고 도둑질하느니라 오직 너희를 위하여 보물을 하늘에 쌓아 두라 거기는 좀이나 동록이 해하지 못하며 도둑이 구멍을 뚫지도 못하고 도둑질도 못하느니라

네 보물 있는 그 곳에는 네 마음도 있느니라 눈은 몸의 등불이니 그러므로 네 눈이 성하면(헬, 순전하면) 온 몸이 밝을 것이요 눈이 나쁘면 온 몸이 어두울 것이니 그러므로 네게 있는 빛이 어두우면 그 어둠이 얼마나 더하겠느냐 한 사람이 두 주인을 섬기지 못할 것이니 혹 이를 미워하며 저를 사랑하거나 혹 이를 중히 여기고 저를 경히 여김이라 너희가 하나님과 재물을 겸하여 섬기지 못하느니라

1

최근에 세계유산 등록을 가지고 한국과 중국 사이에 문제가 생긴 기사를 보았습니다. 한국의 고유 음악인 「아리랑」을 자국 내 조선족들의 전통문화로 인정하고, 그것을 중국 이름으로 세계유산에 등재하기 위해 신청을 했기 때문입니다.

아무리 생각해도 이런 식으로 나가다가는 한글도 결국엔 중국의 문화유산이 되는 것이 아닌가 생각하게 됩니다.

특히 극동의 3개국이 앞 다투어 세계유산 등록에 열을 올리고 있는 것을 보면서 그런 보물을 위해 양심을 팔고 이웃 나라와 분쟁까지 하면서 자기 이름으로 해야 할 만한 가치가 있는 것인가 하는 것입니다.

그런데 보물 하면 뭐니 뭐니 해도 돈입니다. 옛날에는 화폐보다는 금은 같은 귀금속을 보물로 쳤지만 지금은 돈이 보물이고, 현찰이 최고의 힘으로 대접받는 시대입니다.

문제는 돈을 그냥 묻어 두어서는 온전한 가치를 발휘할 수 없다는 것입니다. 그래서 땅이나 건물에 투자하고, 펀드니 주식이니 하면서 투자에 열을 올리고 있습니다. 이런 투자 방법에는 사람들이 얻고자 하는 것이 두 가지가 있습니다.

첫째는 재산을 늘리는 것과, 둘째는 안전하게 보존하는 것입니다.

여기에 한 가지 더 욕심을 부린다면 개인 재산에 대한 비밀성입니다.

사람들은 이 시간에도 어떤 것이 더 수익성이 높으며, 어떤 금융상품이 더 안전한가를 따지면서 분주하게 시간을 보내고 있습니다. 이유가 무엇입니까? 남이 알지 못하는 은밀한 자산이 아무도 모르는 곳에서 안전하게 증식되고 있다면 이것처럼 신나는 일이 없기 때문입니다.

오늘 본문에서 예수님은 "너희를 위하여 보물을 땅에 쌓아 두지 말라"고 하셨습니다.

우리는 이렇게 말씀하신 주님의 의도가 무엇이며, 그것이 우리 인생의 현재와 미래에 어떤 결과를 가져오는 것인가를 살펴보고서, 하나님의 백성만이 가질 수 있는 귀한 보물창고를 만들어 다함이 없는 영원한 축복을 누리기를 원합니다.

2

예수님은 보물을 땅에 쌓아 두지 말고 하늘에 쌓아 두라고 하셨습니다. 이유는 19절 이하에 명확하게 말씀하고 계십니다.

보물창고를 내가 원하는 세상 어느 곳에 만들어 놓고 그곳에 보물을 쌓아 둔다면 몇 가지의 중대한 리스크가 발생한다는 것입니다.

그것은 다름 아닌 "거기는 좀과 동록이 해하며, 도둑이 구멍을 뚫고 도둑질하"기 때문입니다.

여기서 "좀과 동록"은 자연적인 파괴력을 말하고, "도둑"은 인위적인 파괴를 말합니다. 더구나 "해한다"는 말은 헬라어로 〈아파니제인〉으로, 이것은 매우 강력한 파괴나 그 존재가 없어지는 것을 표현할 때 사용하는 단어입니다. 이 땅에 쌓아 둔 재물을 파괴하는 천적은 3가지로, 좀과 동록과 도둑입니다.

그런데 이 "좀"은 헬라어로 〈브로시스〉라고 하는데, 먹어 들어간다는 의미를 가지고 있습니다. 아마 애굽 땅에 임한 재앙 중의 하나였던 메뚜기 떼를 염두에 둔 것 같습니다. 왜냐하면 이 〈브로시스〉는 곡식을 갉아 먹는 메뚜기 떼를 가리킬 때 사용하거나 사람의 이빨을 갉아먹는 충치를 가리킬 때 사용하는 단어이기 때문입니다.

또한 야고보서에서는 이 단어가 부식이나 부패하는 것을 의미하고 있습니다. 이러한 사실로 볼 때, 좀과 동록이나 도둑은 인간이 자신을 위해 쌓아 놓은 보물에 대한 최대의 장애물이 되는 셈입니다.

모아놓고 쌓아 놓은 것을 그냥 놔두는 것이 아니라 반드시 먹어 없애거나 빼앗아 간다는 것입니다.

그래서 사도 야고보는 이러한 돈에 대해 말하기를, "너희 재물은 썩었고 너희 옷은 좀 먹었으며 너희 금과 은은 녹이 슬었으니 이 녹이 너희에게 증거가 되며 불 같이 너희 살을 먹으리라 너희가 말세에 재물을 쌓았도다"(약 5:2-3)라고 했습니다.

3

우리는 물질의 가치, 더 직접적으로 말해서 돈의 가치를 논할 때, 돈이 사람에게 가져다주는 가치나 유익함, 그리고 편리함에 대해서는 잘 알고 있지만 돈이 사람에게 주는 치명적인 결함에 대해서는 잘 알지 못하고, 또한 알려고 노력하지도 않습니다.

돈의 폐단이 무엇입니까?

첫째는 일시적이라는 것입니다.

내 소유의 재물은 물론, 내 이름으로 등록된 재산이라고 하여도 그것이 항상 나와 함께 있어 주며, 필요할 때 적절한 도움을 주지 못한다는 사실입니다. 한마디로 말해서 안전성이 없고, 유익함이 없다는 것입니다. 손에 움켜진 돈이라는 보물이 언제 어떤 모습으로 내 곁을 떠날지 모르기 때문입니다.

내 손에 들어올 때는 웃지만, 이것이 내 손에서 빠져 나갈 때는 그냥 나가는 것이 아니라 많은 고통과 문제를 안겨 놓고 나간다는 사실입니다. 어찌 보면 외국에서의 이민 목회와도 같습니다.

그러니 돈이 내 손에 들어온다고 다 좋아할 것도 아니고, 내 손에서 빠져 나간다고 또한 슬퍼할 일도 아닙니다.

둘째는 사람의 마음을 사로잡는다는 것입니다.

돈이란 일단 자기 소유가 되었다고 생각하면 사람 마음에 없었던 욕심이 일어납니다. 돈을 보고 욕심이 생기니 그것이 무엇입니까? 사람의 마음이 돈에 사로잡히는 것입니다.

그래서 돈을 사랑하면 우상숭배가 되고, 돈을 사랑하면 그 사랑이 우리의 신앙을 파괴하는 것입니다. 그래서 사람의 마음은 참으로 중요합니다.

그 안에 무엇을 담으며, 무엇에 우리의 마음이 사로잡히느냐에 따라서 그 사람의 가치와 인격이 달라지고, 삶의 방향이 달라지는 것입니다.

우리 마음이 돈에 사로잡히면 돈의 노예가 되지만, 하나님이 우리에게 주신 거룩한 사명으로 우리 가슴을 채우면, 우리는 누구나가 하나님의 동역자가 되고 넘치는 참된 축복으로 우리의 삶을 채울 수 있을 것입니다.

그러므로 우리의 마음은 돈이나 세상이 아니라 성령 하나님께 사로잡혀야 할 것입니다.

4

또한 돈의 폐단이 무엇입니까?

셋째는 분쟁과 고통의 씨앗이 된다는 사실입니다.

복권에 당첨이 안 된 사람은 한 번쯤 돈벼락을 맞았으면 좋겠다고 생각합니다. 그런데 정말 돈벼락을 맞으면 그것이 얼마나 무서운 벼락인 줄 알게 된다고 합니다.

그때부터 불행이 시작되는데, "돈 좀 빌려 달라! 좀 나누어 달라! 선심 좀 써라!" 여기저기서 돈 내놓으라고 벌리는 손에 치여 죽을 지경이라고 합니다.

돈을 땅에 쌓아 놓으면 반드시 좀과 동록이 해하고 도둑이 구멍을 뚫는다고 하였는데, 그 말씀 그대로 생각지도 못한 사람들이 달려들어 먹어 치우기 시작합니다. 상상도 못한 일들이 일어나서 인생을 난장판으로 만들어 버립니다.

돈이 정말 중요하고, 세상에 쌓아 놓은 보물 상자가 내 생명보다 귀한 것 같지만 그렇지 않습니다.

바로 이 돈 때문에, 죽마지우 같은 친구를 잃고, 가정이 깨지고, 가족을 잃고, 이 돈 때문에 신앙심이 깨어지고, 사람 사이에 원수가 되고, 싸움과 전쟁이 일어나는 것입니다.

결국은 돈 때문에 더 귀한 것들을 잃어버리면서 돈으로는 주고 살 수 없는 내가 지금까지 소유했던 것들이 얼마나 귀한 것들인가를 알지 못하고, 나의 소중한 모든 것을 파괴한 그 돈을 오히려 하나님보다 더 귀하게 섬기고 있는 것입니다.

5

그래서 예수님은 "오직 너희를 위하여 보물을 하늘에 쌓아 두라"(20)고 하셨습니다.

우리의 돈, 우리 소유의 재물, 생명보다 귀하다고 생각하는 우리의 보물을 이 땅이 아니라 예수님의 말씀대로 하늘에 쌓아둔다면 과연 어떤 유익이 있습니까?

첫째로 염려할 것이 없습니다.

우리가 헌금하고 주님의 이름으로 선한 사업에 우리의 재물을 사용할 때, 나중에 그것이 어떻게 되었는지 염려하거나 신경쓰지 않습니다.

그러나 세상에 쌓아 둔 보물은 매일 신경이 쓰일 수밖에 없습니다.

어떤 사람은 적은 돈이라도 주식에 투자하고 나니 시간만 나면 컴퓨터를 켜놓고 그 주식이 오르는지 내리는지 감시를 합니다.

땅이나 건물 같은 부동산에 투자하면 날마다 정부의 정책이나 사건이나 도시 계획 같은 것에 신경을 써야 합니다.

이번 일본의 원자력 발전소의 방사선 유출 사건을 둘러싸고 원전 발전소를 없애야 한다는 쪽과 원전 발전소는 반드시 필요하다는 쪽으로 의견이 갈리고 있다고 합니다. 지난 번 드러난 사실을 보면, 일본의 유명한 정치인들, 많은 국회의원들과 돈 있고, 사회적인 지위가 있는 사람들이 원자력 발전소의 주식을 보유하고 있다는 것입니다.

수천엔 하던 주식이 3백 몇 십 엔으로 떨어졌으니 날벼락이 아니고 무엇입니까? 더구나 전력회사에는 그 사람들의 수많은 자녀들이 낙하산으로 들어가서 일하고 있는데, 어떻게 이 사람들이 원자력 발전소를 쉽게 폐기하겠습니까?

이 세상에 보물을 쌓고 자신의 육체를 위해 물질을 쌓으면 근심과 고통을 더하지만, 하나님의 나라와 그의 의를 위해 하늘에 쌓으면, 그 보물은 영원토록 하나님과 우리를 기쁘게 하는 줄 믿습니다.

6

둘째는 하늘나라에 소망을 두고 살게 됩니다.

예수님은 "네 보물 있는 그곳에는 네 마음도 있느니라"(21)고 하셨습니다. 하늘나라에 내 보물 창고가 있으니 당연히 우리의 마음이 그곳에 가 있을 수밖에 없습니다.

그런데 예수님은 본문에서 보물 이야기를 하시면서 중요한 교훈을 주셨습니다. 그것은 "너희가 하나님과 재물을 겸하여 섬기지 못하느니라"(24)는 것입니다.

이 말씀의 의미가 무엇입니까? 결론부터 말하자면, 돈을 사랑하고 돈을 지나치게 좋아하는, 그래서 자신을 위하여 이 땅에 보물을 쌓아 두는 사람들, 그래서 돈 때문에 분쟁하고 미워하고, 돈 때문에 그리스도인의 삶을 제대로 살지 못하는 사람들의 예배는 받지 않으시겠다는 말씀입니다. 다시 말해서 돈에게 그 마음을 빼앗긴 사람의 마음은 받지 않겠다는 것입니다.

우리가 사람들에게서 선물을 받을 때, 간혹 선물 때문에 불쾌한 경우가 있습니다. 그 이유는 굳이 말하지 않아도 우리 모두가 겪어 본 일이기 때문에 잘 알고 있을 것입니다.

그러나 모르는 사람들을 위해 몇 가지만 예를 들어 보겠습니다.

쓰다 남은 것을 선물하기, 버리려니 아깝고 쓰자니 마땅찮은 것 선물하기, 억지로 선물하기, 돈을 아끼려고 선물 내용을 낮추다 보니 받는 사람의 수준과 영 맞지 않는 그런 것 선물하기, 이런 것들은 결국에는 선물 해 놓고 상대방의 마음을 상하게 만들거나 섭섭하게 만들고 맙니다.

선물의 목적은 상대방의 마음을 사는 것인데 도리어 상황을 악화시키고 맙니다. 그런데 이런 것은 사람만 기분 나쁜 것이 아니라 예수님도 기분이 나쁘신 것 같습니다.

왜 우리 가운데 이런 일들이 일어나야만 합니까? 이유가 무엇이라고 생각합니까? 지금까지 우리는 내 기분에 맞추어 살아왔기 때문입니다.

우리는 오늘 주님 편에서 주님의 마음을 생각해야 하며, 상대방의 입장에서 다른 사람의 마음을 생각해야 합니다.

과연 이 드리는 예물이 주님의 마음을 기쁘시게 할 수 있을까?

나의 드리는 이 헌신과 수고를 주님이 어떻게 보실까 생각해야 합니다. 우리가 귀한 것일수록 주님께 기쁜 마음으로 드린다면, 우리의 마음은 이미 천국을 이루고 있는 것입니다.

7

셋째는 돈 때문에 게으르거나 죄를 짓게 됩니다.

우리가 돈을 이 땅에 쌓아두기 시작하면 그것 때문에 사람의 마음이 교만해지고, 돈을 잘못 사용하여 여러 가지의 죄를 짓고, 돈 때문에 다른 사람들의 마음을 아프게 만들고, 쌓아 둔 재물로 인하여 게으르고 나태한 삶을 살기 쉽다는 것입니다.

그래서 주님은 "오직 너희를 위하여 보물을 하늘에 쌓아두라"고 하셨습니다.

세상의 모든 것이 하나님의 선하신 목적을 위해 지음을 받았고, 그 선하신 목적을 따라 관리되고 사용되어야 마땅할 것입니다.

그러나 인생이 이러한 목적을 잃어버리고 방황한다면, 이것은 마치 궤도를 벗어난 우주선이고, 철로를 벗어나 탈선한 기차와 같은 신세가 될 것입니다.

우리는 하나님께로부터 나서 하나님의 나라와 그의 의를 위해 우리의 삶을 드리는, 그래서 하나님께만 영광이 되는 것이 우리 인생의 목적이요 방법이요 수단입니다.

그러므로 세상의 물질 때문에 우리의 정체성이 흔들리거나, 돈 때문에 우리가 받은 소명을 제대로 감당하지 못한다면 이보다 더 불행한 일은 없을 것입니다.

보물창고를 이 땅에 쌓아둠으로 우리 영혼까지 버림당하는 일은 없어야 할 것입니다.

주님의 말씀대로 하늘나라에 우리의 보물창고를 만들어 그것에 하나님이 기뻐하시는 것들로 가득 채워나간다면 이것은 우리에게 영원한 축복인 줄 믿습니다.

왜냐하면, 19, 20절에 "너희를 위하여"라는 말씀이 반복되는데, 이 땅에 쌓는 보물은 우리의 인생에 재앙이 될 수 있지만, 하늘나라에 쌓는 보물은 영원한 영광과 기쁨이 되기 때문입니다.

그러므로 보물은 땅에 쌓을 것이 아니라 하늘에 쌓아야 합니다. 우리의 평생에 물질의 축복이 넘치고, 그 물질이 하나님의 나라와 그의 의를 위해서 사용되며, 하나님께는 영광이요 우리에게는 영원한 축복이 되기를 소원합니다. (2011. 7. 10. 오전)

8

염려하지 말라

〈 마태복음 6:25-34

그러므로 내가 너희에게 이르노니 목숨을 위하여 무엇을 먹을까 무엇을 마실까 몸을 위하여 무엇을 입을까 염려하지 말라 목숨이 음식보다 중하지 아니하며 몸이 의복보다 중하지 아니하냐 공중의 새를 보라 심지도 않고 거두지도 않고 창고에 모아들이지도 아니하되 너희 하늘 아버지께서 기르시나니 너희는 이것들보다 귀하지 아니하냐 너희 중에 누가 염려함으로 그 키를(또는 목숨을) 한 자라도 더할 수 있겠느냐 또 너희가 어찌 의복을 위하여 염려하느냐 들의 백합화가 어떻게 자라는가 생각하여 보라 수고도 아니하고 길쌈도 아니하느니라 그러나 내가 너희에게 말하노니 솔로몬의 모든 영광으로도 입은 것이 이 꽃 하나만 같지 못하였느니라

오늘 있다가 내일 아궁이에 던져지는 들풀도 하나님이 이렇게 입히시거든 하물며 너희일까보냐 믿음이 작은 자들아 그러므로 염려하여 이르기를 무엇을 먹을까 무엇을 마실까 무엇을 입을까 하지 말라 이는 다 이방인들이 구하는 것이라 너희 하늘 아버지께서 이 모든 것이 너희에게 있어야 할 줄을 아시느니라 너희는 먼저 그의 나라와 그의 의를 구하라 그리하면 이 모든 것을 너희에게 더하시리라 그러므로 내일 일을 위하여 염려하지 말라 내일 일은 내일이 염려할 것이요 한 날의 괴로움은 그 날로 족하니라

1

어느 책에 보니, 일본의 크리스천 한 사람이 자기 밭에 천 그루쯤의 과목을 심었는데, 어느 날 벌레들이 생겨 나무의 열매들을 갉아먹기 시작했습니다. 다급한 마음에 여러 사람이 열심히 벌레들을 잡아 보았지만 중과부적이었습니다.

결국 그는 밤에 가족들과 함께, 그 과수원에 앉아 밤새도록 기도하기 시작했습니다. 아침이 되니 어디서 날아왔는지 알지 못하는 새떼들이 삽시간에 과수원에 내려앉더니 모든 벌레들을 삽시간에 다 먹어치워 위기에 처한 이 농부를 살렸다고 합니다.

사람이 살면서 제일 많이 염려하고 고통 받는 부분이 있다면 그것은 물질의 문제입니다.

가난한 사람들은 경제적인 여유가 없기 때문에 늘 "무엇을 먹을까, 무엇을 마실까, 무엇을 입을까" 염려하고, 경제적으로 여유가 있는 사람들도 사업이나 재산증식 문제로 염려하고 고통하기는 마찬가지입니다.

우리가 잘 알고 있는 믿음의 조상 아브라함은 대를 이을 자식이 없어 고민했고, 바벨론의 포로 되었던 다니엘과 그의 세 친구는 승승장구 출세의 가도를 달린 것 같지만 그들에게도 고민은 있었고, 염려할 만한 일들이 매우 많았습니다.

그런데 주님은 본문에서 6번씩이나 염려에 대해 말씀 하시면서 "염려하지 말라"고 하셨습니다. 그럼에도 불구하고 우리의 하루하루의 삶은 많은 염려와 고민으로 가득 차 있습니다.

하룻밤을 자고 나면 염려들이 사라지는 것이 아니라, 염려는 더욱 늘어나고 고통의 세월은 끝없이 이어지고 있는 것이 우리의 현실입니다.

그래서 오늘은 주님이 왜 염려하지 말라고 하시는지 그 이유를 찾아내고, 염려 없이 사는 삶이 어떤 것인가를 배우면서 적어도 우리의 남은 생애는 염려, 근심, 걱정이 없는 주님의 은혜와 축복이 넘치는 삶을 살기를 원합니다.

2

염려의 근원이 어디에 있습니까? 그것은 우리의 육체와 생명에 있습니다. 세상에 아무리 좋은 것이 많고 귀한 것이 많아도 우리의 육체와 생명만큼 귀하고 소중한 것은 없습니다. 그래서 관리를 잘해야 합니다.

귀한 것일수록 관리를 잘해야 하고 관리를 잘한 만큼 가치는 드러나기 마련입니다. 그러나 아무리 귀한 육체와 생명이라 할지라도 관리를 잘못하면 천하보다 귀한 생명이라도 천덕꾸러기가 되고 맙니다.

그래서 사람들은 너나없이 앞 다투어 관리를 잘하려고 애를 씁니다. 옷 잘 입는 것, 잘 먹고 사는 것, 편하고 좋은 집이며 좋은 차를 타고 다니는 것, 좋은 학교, 좋은 직장을 선호하고 남들보다 더 귀하고 복된 인생을 누리려고 합니다.

그러다 보니 이것 때문에 염려하고, 고민하고, 근심하고, 괴로워하는 것입니다. 이것이 인간의 본능입니다.

그런데 문제가 있습니다. 다름 아닌 나의 능력 부족입니다. 인생 관리를 잘하려고 노력은 하지만 내 능력이 내 원하는 만큼 따라가지 못한다는 것입니다.

이유가 무엇입니까? 내 힘과 능력 이상으로 관리하고, 더 높은 수순에 맞춰 내 인생을 관리하려고 하다 보니 문제가 생기고 염려하는 것입니다.

주님은 분명히 말씀하셨습니다.

"목숨을 위하여 무엇을 먹을까 무엇을 마실까 몸을 위하여 무엇을 입을까 염려하지 말라"(25).

3

왜 주님은 염려하고 걱정해도 모자라는 인생을 향하여 염려하지 말라고 하십니까?

우리 주위를 돌아보면 어떤 사람들이 염려합니까? 제 인생을 의지할 곳이 없는 부모 없는 고아들이 염려합니다. 또 무능한 사람일수록 염려가 많고 고민이 많습니다. 욕심이 많고 제 분수를 모르는 사람들이 밤이나 낮이나 염려합니다.

그런데 우리는 누구입니까? 우리는 고아도 아니요 무능한 인생도 아니요 욕심 많은 인간이 아니라, 하나님 아버지의 사랑을 입은 그의 자녀들입니다.

주님이 우리에게 염려하지 말라고 하시는 첫 번째 이유는 우리가 하나님 자녀로 태어났기 때문입니다.

자녀는 부모가 다 책임을 져 줍니다. 가난한 부모는 가난한대로 최선을 다해서 자녀를 사랑하고 그 장래를 위해 희생합니다. 잘 사는 부모는 잘 사는 대로 자녀를 위해 많은 사랑을 쏟아 붓습니다.

그렇다면 우리는 전능하신 하나님 아버지의 자녀이니 그의 전능하심이 자식을 사랑하는 부모의 사랑으로 우리 가운데 임하시는데, 우리가 무엇 때문에 염려해야 합니까?

또 주님이 우리에게 염려하지 말라고 말씀하시는 이유가 무엇입니까?

둘째는 염려는 아무리 열심히 해도 소용이 없습니다.

27절에 보니 "너희 중에 누가 염려함으로 그 키를 한 자라도 더할 수 있겠느냐"라고 했습니다.

염려해도 아무 변화나 유익이 없다는 말씀입니다. 염려는 우리의 마음을 나뉘게 만듭니다. 그래서 도리어 되는 일도 방해하고, 더 크고 놀라운 계획을 만들어 낼 수 없습니다. 그러므로 믿음의 사람들은 염려하고 근심하는 대신에 기도하고 하나님을 찬양합니다. 낙심하는 대신에 감사하며 기뻐하는 것이 믿음의 사람들의 모습입니다.

4

왜 주님은 우리에게 염려하지 말라고 하십니까?

셋째로 염려는 이방인들이 하는 것이기 때문입니다.

31-32절을 보시기 바랍니다. "그러므로 염려하여 이르기를 무엇을 먹을까 무엇을 마실까 무엇을 입을까 하지 말라 이는 다 이방인들이 구하는 것이라"

여기서 말하는 "이방인들"이란 누구를 말합니까? 창조주 하나님에 대해서 아는 것이 아무것도 없는 사람들을 말합니다.

즉, 불신앙인들과 그들의 태도를 말하는 것입니다. 영적으로 버림당한 고아들을 말하는 것입니다. 그래서 그들은 많은 염려와 근심과 고민을 가지고 살아갑니다. 이런 사실을 비추어 볼 때, 염려는 곧 불신앙을 말하는 것입니다.

하나님을 알고, 그 하나님을 믿고 의지해야 하는데, 그 믿음이 없을 때 일어나는 것이 곧 염려이기 때문입니다.

사실 인간으로서 염려와 근심이 전연 없을 수는 없다고 생각합니다.

오늘 본문에서도 반복되고 있는 '염려' 라는 단어는 걱정 자체를 거부하는 의미보다는, 문제를 만나도 염려에 빠져들지 말라는 의미입니다.

그곳에 생각을 기울이거나 집중하지 말라는 의미입니다. 이것 때문에 정신이 산만해지고, 불안해지지 말라는 것입니다.

이것은 마치 우리 머리 위로 새가 날아가는 것을 막을 수는 없지만, 그 새가 우리 머리 위에 올라 앉아 둥지를 만드는 것은 막아야 한다는 의미라고 볼 수 있습니다.

5

주님은 왜 우리에게 염려하지 말라고 하십니까?

넷째로 하나님 아버지는 자기 자녀의 육체와 생명을 위해서 모든 것을 다 준비해 놓으셨기 때문입니다.

공중에 나는 새들도, 이름도 모르는 들풀조차도 하나님이 사시사철 저들을 위해 먹을 것과 마실 것과 입을 것을 준비해 놓으시는데, 만물의 영장이요 하나님의 사랑을 입은 자녀 된 우리가 무엇이 부족해서 염려해야 합니까?

26절을 보면, 새들은 "심지도 않고 거두지도 않고 창고에 모아들이지도 아니"한다고 했습니다.

일전에 덴마크에 갔더니 그곳 선교사님이 이곳에는 도둑이 거의 없다고 했습니다. 이유는 도둑질 할 필요가 없을 정도로 복지며 사회보장 제도가 완벽하기 때문이라 했습니다.

새들이 들판에 나가서 씨를 뿌리고 김을 매고 추수하는 것을 본 적이 있습니까? 없습니다. 이유가 무엇입니까? 그렇게까지 수고할 필요가 없기 때문입니다. 그들은 비록 말 못하는 짐승에 불과하지만 자신들의 필요를 채워주시는 창조주 하나님을 믿기 때문입니다.

들의 백합화가 이러 저리 자리를 옮겨 다니는 것을 보았습니까? 심겨진 자리를 떠나야 할 필요가 없기 때문입니다. 한 자리, 원래 심겨진 자리만 지키고 있어도 하나님이 전부 먹이시고 입히시고 마시게 하시는 그 사랑, 그 은혜를 체험하고 있기 때문입니다.

그렇기 때문에 여기 "모아들이다"라는 말은, 물질적인 안정을 추구하는 인간들의 집착이나 노력을 의미한다고 보아야 할 것입니다.

6

왜 주님은 우리에게 염려하지 말라고 하십니까?

다섯째로 우리에게는 먹고 마시고 입는 인간의 기본인 의식주보다 더 중요하고 더 시급한 사명이 있기 때문입니다.

인간은 결국 두 종류의 인생으로 나눌 수 있습니다. 먼저는 육체와 생명의 연장을 이어가기 위해서 생존 자체에 모든 것을 걸고 사는 인생이 있습니다. 그래서 하루하루의 삶에 모든 것을 걸고 씨름합니다. 경제적으로 여유가 있으면 마음이 편하고, 어려우면 염려하고 고통합니다.

그렇다면 사도 야고보의 말씀대로, "너희 생명이 무엇이냐 너희는 잠깐 보이다가 없어지는 안개니라"(약 4:14)라는 표현대로 그 이상도 그 이하도 아닙니다. 의식주가 해결되고, 조금의 경제적인 여유만 있다면 그것으로 만족하는 인생이라면 한 평생을 살아도 짐승보다 나은 것이 아무것도 없을 것입니다.

그러나 또 다른 종류의 인생들이 이 지구촌에는 있습니다. 그들이 누구입니까? 사명 받은 자들의 삶을 살아가는 사람들입니다.

비록 안개와 같은 인생처럼 보여도 그들 속에는 하나님의 살아계신 생명의 말씀이 있고, 위로부터 내려오는 은사와 능력과 축복으로 충만하며, 십자가 사랑으로 충만한 삶이 있습니다.

7

우리는 오늘부터 내 인생에서 제일 중요한 것이 무엇인가를 찾아야 합니다. 그리고 가장 중요한 그것을 제일 중요하게 생각하고 가장 중요한 자리에 올려놓아야 합니다. 왜냐하면 오늘 본문에서 주님은 제일 중요한 것이 무엇인가를 우리에게 분명하게 가르치고 계시기 때문입니다.

그 첫 번째가 26절의 "너희는 이것들보다 귀하지 아니하냐" 라는 말씀과, 두 번째로 33절에서 "너희는 먼저 그의 나라와 그의 의를 구하라"고 하셨기 때문입니다.

주님은 하늘을 나는 새들과 들의 꽃이나 풀들보다 하나님의 자녀 된 우리는 그것들과 비교할 수 없을 정도로 더욱 귀한 존재임을 나타내셨습니다. 그래서 염려하지 말라는 것입니다.

그리고 염려하는 그 시간에, 그 에너지로 하나님의 나라와 하나님의 의를 구하며 살라는 것입니다.

하나님은 자신이 만드신 모든 만물 가운데 자기의 형상을 따라 창조된 인간 이상으로 귀한 것이 없고, 자신의 독생자를 십자가에서 희생할 정도의 사랑을 입을 존재가 없음을 선포하셨습니다.

그러므로 우리도 이제 내 인생에서 덜 중요한 것은 전부 뒤로 미루시기 바랍니다. 그리고 제일 중요한 것을 가장 중요한 자리에 돌려놓으시기 바랍니다.

지금까지 우리는 얼마나 불필요한 염려와 불안 속에서 살아왔습니까? 중요하지도 않은 것들, 별로 가치도 없는 것들을 내 인생의 가장 중요한 우선순위에 놓고 살아오지 않았습니까?

그곳에서 다 몰아내야 합니다. 이런 것들을 몰아낼 때, 우리 인생의 주인 노릇 하던 근심 걱정, 염려들이 다 물러갈 것입니다.

설교 서두에 말씀드린 대로 염려할 문제가 생기면 간절한 마음으로 기도하며 하나님의 도움을 구하시기 바랍니다. 반드시 내가 만난 문제를 해결할 수 있는 열쇠와 능력을 주님은 예비하신 줄 믿습니다.

8

공포나 두려움, 낙심이나 근심, 수많은 염려를 하나님을 믿고 의지하는 그 믿음으로 몰아내시기 바랍니다.

나를 염려하게 만들고 두려운 마음을 가져오게 하는 인생 문제를 해결하는 방법은 하나님을 믿고 의지하는 믿음입니다.

그리고 그 믿음 위에 사명자의 삶을 세운다면 "이 모든 것을 너희에게 더하시리라"는 주님의 말씀이 우리 삶에서 그대로 재현될 줄 믿습니다. (2011. 7. 17. 오전)

9

좋은 관계

〈 마태복음 7:1-12

비판을 받지 아니하려거든 비판하지 말라 너희가 비판하는 그 비판으로 너희가 비판을 받을 것이요 너희가 헤아리는 그 헤아림으로 너희가 헤아림을 받을 것이니라 어찌하여 형제의 눈 속에 있는 티는 보고 네 눈 속에 있는 들보는 깨닫지 못하느냐 보라 네 눈 속에 들보가 있는데 어찌하여 형제에게 말하기를 나로 네 눈 속에 있는 티를 빼게 하라 하겠느냐 외식하는 자여 먼저 네 눈 속에서 들보를 빼어라 그 후에야 밝히 보고 형제의 눈 속에서 티를 빼리라 거룩한 것을 개에게 주지 말며 너희 진주를 돼지 앞에 던지지 말라 그들이 그것을 발로 밟고 돌이켜 너희를 찢어 상할까 염려하라

구하라 그리하면 너희에게 주실 것이요 찾으라 그리하면 찾아낼 것이요 문을 두드리라 그리하면 너희에게 열릴 것이니 하는 이마다 받을 것이요 찾는 이는 찾아낼 것이요 두드리는 이에게 열릴 것이니라 너희 중에 누가 아들이 떡을 달라 하는데 돌을 주며 생선을 달라 하는데 뱀을 줄 사람이 있겠느냐 너희가 악한 자라도 좋은 것으로 자식에게 줄 줄 알거든 하물며 하늘에 계신 너희 아버지께서 구하는 자에게 좋은 것으로 주시지 않겠느냐 그러므로 무엇이든지 남에게 대접을 받고자 하는 대로 너희도 남을 대접하라 이것이 율법이요 선지자니라

1

윌리엄 폴 영(William Paul Young)이 쓴 「오두막」*(The Shack)*이란 신앙소설에서, 주인공 맥은 사랑하는 막내 딸 미시를 잃고 오랫동안 방황하던 중에 하나님이 보낸 쪽지를 받고 딸이 죽었던 장소 오두막을 찾아갑니다.

그곳에서 맥은 견딜 수 없는 분노와 슬픔이 되살아났지만, 하나님이 준비하신 정성어린 요리와 부드러운 대화를 통해 그분의 치유하심을 경험하게 됩니다.

결국에는 마음의 모든 상처가 아물고, 왜 하나님이 사랑하는 미시를 데려갔는지, 그리고 미시의 육체가 어디서 잠자고 있는지를 알게 됩니다.

무엇보다도 자기 인생의 근본적인 문제가 무엇이며, 잘못된 관계들을 통해 쏟아져 나오는 고통과 문제점들을 깨닫게 됩니다.

맥은 인생에서 가장 견디기 어려웠던 거대한 슬픔이라고 표현되어진 이 고통을 통해 도리어 하나님의 어루만져 주심으로 새사람이 되었습니다.

맥의 치유는 다름 아닌 하나님과의 관계를 회복함으로 이루어진 사건입니다.

오늘 본문의 말씀도 관계를 말하고 있습니다. 첫 번째는 잘못된 인간관계를 밝히고 있으며, 두 번째는 하나님과의 잘못된 관계를 말하면서, 이 잘못된 두 가지의 관계를 회복하는 방법을 말씀하고 있습니다.

2

주님은 먼저 우리의 인간관계에서 오는 가장 치명적이고 빈번한 문제를 일으키는 문제를 말씀하고 계십니다. 그것은 "비판을 받지 아니하려거든 비판하지 말라"(1)는 내용입니다.

곰곰이 생각해보면 우리는 하루 동안에 얼마나 많은 비판을 쏟아 내면서 살고 있는지 모릅니다. 대통령을 포함한 정치가에 대한 비판은 얼마나 통렬하고 날카로운지 모릅니다. 내 마음에 들지 않는 이웃 사람들을 향한 비난과 비판, 그리고 판단들이 얼마나 왜곡되어 있는지조차 모르면서 공격의 화살들을 날리고 있습니다.

남들을 무시하는 말들, 시기심과 질투심을 교묘하게 포장하여 내뱉는 공격적인 언사들로 우리의 하루 삶을 가득히 채울 때가 대부분이라 해도 과장이 아닐 정도입니다.

왜 주님은 다른 허물들도 많은데 그런 것은 제쳐두고 왜 비판하지 말라고 하십니까?

비판은 교만한 마음에서 나오기 때문입니다. 그리고 그 교만한 마음은 하나님이 가장 미워하시는 죄가 되기 때문입니다.

무엇보다도 모든 비판, 비난은 아무리 오랫동안 쌓아 올린 좋은 인간관계라 할지라도 삽시간에 전부 무너뜨리기 때문입니다.

그렇습니다. 인간관계의 파괴는 대부분이 비판적인 태도에서 나오는 것입니다.

3

우리가 비판하려는 마음이 생겨날 때, 과연 내가 남을 비판하고 공격하면 그 결과는 어떻게 되며, 과연 남을 비판할 자격이 내게 있는가를 생각해야 합니다.

주님은 2절에서 남을 비판하면 그 비판을 내가 도로 받게 될 뿐 아니라, 마가복음 4장 24절에는 “너희의 헤아리는 그 헤아림으로 너희가 헤아림을 받을 것이며 더 받으리니”라고 말씀하고 있습니다.

그야말로 비판이라는 것은 되로 주고 말로 받는 결과를 만드는 것입니다.

인간은 남을 비판하거나 판단할 만한 능력이 없습니다.

스스로 자기사랑에 똘똘 뭉쳐진 존재로 이미 비판이나 판단의 정확한 근거를 잃어버리고 살아가는 존재이기 때문입니다.

그런데 남을 비판하는 자가 얼마나 어리석고 꼴사나운 모습을 하고 있는지를 3절에서 밝히고 있습니다.

"어찌하여 형제의 눈 속에 있는 티는 보고 네 눈 속에 있는 들보는 깨닫지 못하느냐"라고 했습니다.

여기 "티"는 식물성 먼지를 말하고, "들보"는 나무둥치, 즉 통나무를 말합니다.

자신의 눈에는 통나무가 박혀 있는데, 남의 눈에 들어간 먼지를 빼내겠다고 소란을 피운다면 생각만 해도 이것은 코미디요 적반하장입니다. 주님은 이런 사람을 가리켜 "외식하는 자여 먼저 네 눈 속에서 들보를 빼어라"(5)고 하셨습니다.

여기서 말씀하신 외식이 무엇입니까? 자기 속에는 온갖 악의와 더러움으로 가득하면서 그것을 숨기고 가장 거룩한 척하며 그 인격을 가장하는 것을 말합니다.

특히 본문은 성경적으로는 많은 것을 알면서도 그것을 자신의 생활에서는 전연 적용할 줄 모르는 영적으로 무능한 바리새인들을 가리켜 하신 말씀입니다.

4

말씀을 배우면 배울수록 온유하고 겸손한 사람으로 변해가야 하는데, 배울수록 교만해지고, 주의 사람들을 비판하고 공격적인 자세를 가지는 바리새인의 후예들이 많기 때문에 교회가 세상의 공격 대상이 되고 있습니다.

자신들만이 주님의 온전한 제자인 것처럼 행세하면서 다른 사람들을 업신여깁니다.

그래서 6절의 말씀이 본문의 중간에 들어가 있는 것입니다.

처음에는 본문과는 전혀 어울리지 않는 말씀이 잘못 끼어 들어간 것처럼 보이지만, 실상은 중요한 의미를 가지고 있습니다.

“거룩한 것을 개에게 주지 말며 너희 진주를 돼지 앞에 던지지 말라 그들이 그것을 발로 밟고 돌이켜 너희를 찢어 상하게 할까 염려하라”(6).

이것은 가장 귀한 것이라도 그 귀함을 깨닫지 못하는 자들에게는 아무 소용이 없으며, 귀한 것을 이런 자들에게 함부로 베풀면 도리어 상함을 입는다는 말씀입니다.

본문의 개나 돼지는 누구를 가리키는 것입니까? 개나 돼지는 이스라엘이 가장 부정한 짐승으로 여기는 것으로, 절대로 하나님께 제물로 드릴 수 없는 짐승들입니다. 여기서는 하나님의 나라에 합당하지 못한 유대인들을 의미합니다.

말씀은 그 어떤 인간이라도 새사람으로 변화시키는 능력이 있습니다. 그런데 아무리 가르쳐도 그런 능력이 나타나지 않는 사람, 말씀을 드러내놓고 무시하는 사람, 이런 사람들이 영적으로 부정한 동물이 아니고 무엇입니까?

믿음의 사람들은 말씀으로 인해 지혜로운 사람들입니다.

그 지혜가 사람들과의 관계를 통해 나타나야 합니다.

하나님이 내게 주신 사람들, 내 곁으로 이끌어 주신 사람들은 공격의 대상이 아니라 사랑의 대상으로 삼으라고 보내 주신 것입니다.

그러므로 비판 대신에 이해하고, 모든 판단은 하나님께 맡김으로 모든 인간관계를 마지막까지 사랑과 은혜로 이루어야 할 것입니다.

5

두 번째는 하나님과의 관계입니다.

아담과 하와는 에덴동산에서 하나님과의 만남을 통해 성장해 갔습니다.

그러나 어느 날, 하나님 만나기를 거부하고 숨고 말았습니다. 이유가 무엇입니까? 죄가 들어왔기 때문입니다. 그 죄에 지배된 삶이 시작되자 하나님을 피하여 숨고 말았습니다.

아담과 하와의 죄가 무엇입니까? 생명의 근원이 되신 하나님으로부터의 공급을 거절하고 스스로 생명을 유지하고, 스스로 모든 것의 주인이 되려고 했던 것입니다.

이것은 하나님을 대적하는 마귀의 범죄요, 아담과 하와는 이 마귀의 범죄에 빠지고 말았던 것입니다. 그래서 금단의 선악과를 따먹고 그 대가로 에덴동산에서 쫓겨나고 만 것입니다.

사람과의 관계도 그렇지만 하나님과의 관계도 내가 주인이 되고 내가 중심에 서면 모든 관계가 깨어지고 혼란이 오기 마련입니다.

요즘 미국에서 6세 이하의 어린 아이의 출입을 금지하는 레스토랑이 인기를 끌고 있다고 합니다. 이유는 아이들이 문제가 아니라 그 아이들의 부모들이 문제입니다. 공공의 장소에서 자기 자녀들을 마치 지구의 중심이라도 되는 듯이 다루는 부모들 때문에 다른 손님들이 피해를 보고 고통스러워하는데도 그 부모들은 아랑곳 하지 않습니다.

자녀들이 자기 가정에서는 중심이 되는지 몰라도 다른 사람들에게까지 공공의 장소에서 그것을 강요하는 것은 문제입니다.

하나님과의 관계도 그렇습니다. 내가 중심에 서면 관계는 깨어지는 것입니다.

6

사람들은 남들과 좋은 관계를 맺고 그 관계를 통해 인생의 즐거움과 풍성함, 아름다움을 누리기를 원합니다.

그래서 자주 만나고, 만남을 통해서 서로를 알게 되고, 만남을 통해서 신뢰관계가 쌓여 가는 것입니다. 하나님과의 관계도 그렇습니다.

7절 이하의 말씀을 통해 우리가 알 수 있는 것이 무엇입니까? 기도를 통해서 내가 그 분을 얼마나 의지하고 신뢰하는가를 보여주는 것입니다. 하나님 이외에는 내게 소망이 없음을 드러내는 것입니다. 이것은 신앙고백의 연장입니다.

우리가 믿는 하나님은 어떤 분입니까? "구하는 자에게 좋은 것으로 주시는"(11) 우리의 아버지 하나님입니다.

구하는 자에게 영육 간에 좋은 것으로 풍성하게 하시는 하나님입니다. 구하는 자에게 독생자를 아끼지 아니할 정도로 그렇게 우리를 사랑하시는 분입니다.

인간의 가치가 무엇을 통해 어떤 모습으로 나타납니까?

내가 다른 사람에게 어떤 대접을 받는가에 따라 나타나는 것입니다.

사람들이 나를 존귀하게 여긴다면 그만한 가치가 내게 있는 것입니다. 그러나 사람들이 어떤 사람을 고발하고 경찰로 하여금 철장에 가두도록 만든다면 그것은 그 사람 인생의 가치입니다.

사람들에게서 어떤 대접을 받는가에 따라 내 인생의 가치가 달라지는 것입니다.

7

하나님과의 관계도 마찬가지입니다. 오늘 본문을 유심히 들여다보면, 두 종류의 사람이 나오고 있습니다. 개나 돼지 같은 사람이 있고, 다른 편에는 하나님의 자녀 된 사람들이 있습니다.

하나님은 자기 사랑하는 자녀를 위해서는 최고의 것을 아끼지 않으시는 분입니다. 그러나 복음을 거부하고, 비판하고 공격하고 완악한 마음으로 스스로를 가두어 놓는 사람에게는 심판이 있을 뿐입니다.

하나님이 우리를 어떻게 대우하고 계십니까?

마태복음 18장 22-25절에 잘 나타나 있습니다. 만 달란트를 빚진 종이 주인의 은총을 입어 어마어마한 빚을 다 탕감 받았습니다.

그런데 그 날 길가다가 자신에게 백 데나리온의 빚진 친구를 만나자 강제로 끌고 가서 옥에 넣고 말았습니다. 이 사실을 알게 된 주인은 그 종의 빚 탕감을 취소하고 빚을 다 갚을 때까지 옥에 가두고 말았습니다. 이 사람에게 친구에 대한 티끌만한 자비만 있었더라면 이런 일은 일어나지 않았을 것입니다.

잘못된 인간관계가 자신은 물론이고 친구까지 망하게 만들고 말았던 것입니다.

그런데 35절에 무엇이라고 기록하고 있습니까? "하늘 아버지께서도 너희에게 이와 같이 하시리라"고 했습니다.

자비함이 없는 인간관계, 교만한 마음에 남을 비판하고 공격하는 사람들, 남을 무시하고 시기나 질투심에 가득한 사람들, 그래서 늘 인간관계에서 고통과 전쟁을 만들어 내는 사람들에게는 하나님이 그대로 갚아 주시겠다는 말씀입니다.

8

주님은 마태복음 22장 37절 이하에서 가장 큰 계명을 말씀하고 계십니다.

"네 마음을 다하고 목숨을 다하고 뜻을 다하여 주 너의 하나님을 사랑하라"(37)는 이것입니다. 이 말씀의 의미가 무엇입니까? 하나님과의 바른 관계를 위해서 생명을 걸라는 것입니다.

그리고 둘째 계명으로, "네 이웃을 네 자신 같이 사랑하라"(39)는 것입니다.

이 두 가지가 "온 율법과 선지자의 강령"(40)이라고 했습니다. 이것은 한마디로 성경 66권의 핵심 내용이라는 것입니다.

그런데 누가복음 10장 25절 이하에 보면 같은 성경 구절이 나옵니다. 어떤 율법교사가 예수님을 시험하려고 "무엇을 하여야 영생을 얻으리이까" 하고 물었습니다. 그 때 예수님의 대답은 이 두 가지, 즉 하나님 사랑과 이웃 사랑을 말씀하시면서, "이를 행하라 그러면 살리라"(28)고 하셨습니다.

그냥 육체가 사는 것이라면 하나님 사랑, 이웃 사랑도 필요 없습니다.

그런데 율법교사의 질문이 무엇입니까? "내가 무엇을 하여야 영생을 얻으리이까"(눅 10:25) 하는 것입니다.

이 율법교사는 지금 영원한 생명을 얻는 방법을 물어 보고 있고, 예수님은 영생을 얻는 방법을 가르쳐 주고 계신 것입니다.

9

신앙생활은 결국 관계입니다. 어떤 관계를 맺느냐에 따라 세상 삶도, 내 인생의 가치도, 내 인격도 달라집니다.

우리는 세상을 사랑하는 일이라면, 세상에서 좋은 관계를 맺기 위해서라면 많은 것을 희생하며 참으며 수고하며 살아갑니다.

그러면서 정작 우리의 아버지 되신 하나님을 사랑하는 일에는 얼마나 참았으며 얼마나 희생했습니까?

하나님의 나라와 그의 의를 위해서는 얼마나 수고했습니까?

12절 마지막 구절에서 "대접한다"는 말은 우리가 기분이 좋을 때 한두 번 선심 쓰듯이 대접하는 그런 것이 아니라, 계속적으로 대접하는 것을 말합니다. 곧 우리 삶의 일부분이 되어버린 상태를 말하는 것입니다.

우리는 세상을 살면서 이 모든 관계를 아름답게 만들 이유가 있고 사명이 있습니다. 좋은 관계는 나와 다른 사람들을 복되게 만들며, 이런 복된 관계가 곧 하나님을 영화롭게 하고 주님을 기쁘게 하는 일입니다. 좋은 관계를 위해 모든 사람들에게 최고의 대접을 하시기 바랍니다.

그리고 모든 사람들로부터 최고의 대접을 받으시기 바랍니다.

그러나 더 중요한 관계는 하나님 아버지와의 관계입니다. 이 관계가 영원토록 아름답고 복된 관계를 위해 "마음을 다하고 목숨을 다하고 뜻을 다하여 하나님을 사랑"하시기 바랍니다.

하나님은 우리에게 가장 최고의 것을 지금부터 영원토록 베푸시는 줄 믿습니다. (2011. 7. 24. 오전)

10

좁은 문

〈 마태복음 7:13-14

좁은 문으로 들어가라 멸망으로 인도하는 문은 크고 그 길이 넓어 그리로 들어가는 자가 많고 생명으로 인도하는 문은 좁고 길이 협착하여 찾는 자가 적음이라

1

「좁은 문」 하면 노벨상 수상자인 앙드레 지드(Andre Gide, 1869-1951)의 작품이 생각납니다. 주인공 제롬은 여름마다 휴가를 시골 삼촌 집에서 보내면서 사촌인 알리사를 사랑하게 되고, 두 사람은 그 동네 교회에서 좁은 문으로 들어가기를 힘쓰라는 목사님의 설교에 감동을 받게 됩니다.

숙모가 젊은 남자와 눈이 맞아 두 딸을 버리고 가출해 버리자 제롬은 불쌍한 알리사를 위해 평생 헌신하기로 작정하고 그것이 자신에게 있어서 들어가야 할 좁은 문이라 생각합니다.

그런데 알리사는 동생인 줄리엣도 제롬을 사랑하는 것을 알게 되자, 동생을 위해 제롬을 포기하고 자신은 더욱 깊은 신앙의 세계로 들어가 오직 주님만 사랑하는 것이 자신에게 주어진 좁은 문으로 들어가는 것이라 생각합니다.

실제로 알리사는 제롬 없이는 살아갈 수 없을 뿐만 아니라 세상 모든 것이 무의미하다는 것을 너무나 잘 알고 있지만, 그럼에도 불구하고 그의 사랑을 거부하고 달아납니다. 한편 줄리엣은 제롬에게는 언니 알리사 이외에는 사랑하는 사람이 없음을 깨닫고 마음에도 없는 사람과 불행한 결혼을 하고 맙니다.

알리사의 신앙이 깊어지면 깊어질수록 제롬의 사랑과 주님에 대한 헌신 사이에서 오는 갈등을 통해 고통을 당하게 됩니다.

그녀는 주님께로 나아가는 이 좁은 길을 둘이서 함께 갈 수 없음을 알게 되고, 진정한 사랑의 완성이란 오직 주님의 품 안에서만 이루어지는 것임을 깨닫고, 결국에는 자신의 순결함을 지키기 위해 세상을 버리게 됩니다.

앙드레 지드의 이 「좁은 문」은 읽는 사람에 따라 각각 다른 다양한 결과와 감동을 얻을 수 있는 작품으로 평가되고 있습니다.

오늘 본문의 말씀은 사실 주님의 산상수훈의 결론이라고 할 수 있는 대목입니다. "심령이 가난한 자는 복이 있나니"로부터 시작되는 이 가르침의 결론은 좁은 문으로 들어가기를 힘쓰라는 것입니다.

2

하나님의 말씀은 결코 이론이나 탁상공론이 아니라 우리 삶의 실제입니다.

성경말씀은 하나님의 자녀 된 우리에게 이 세상을 지나면서 이렇게 살라고 가르치고 명령하시는 삶의 실제입니다.

특히 이 산상수훈의 말씀은 매우 실제적이고 구체적이고 명확한 말씀들로 채워져 있습니다. 예를 들어 악한 자를 대적하지 말고, 네 오른편 빰을 치거든 왼편도 돌려 대라고 하며, 억지로 오리를 가게 하거든 십리를 동행하라는 것과 구하는 자에게 주고 빌리고자 하는 자에게 거절하지 말라는 등의 구체적인 실천의 내용들입니다.

그렇다면 21세기의 오늘을 살아가는 우리에게 '좁은 문' 이란 무엇입니까? 어떻게 살아야만 주님의 가르침대로 좁은 문으로 들어가기를 힘쓰는 삶이 될 수 있습니까? 어떻게 해야만 좁은 길로 나아가는 참 신앙인이 될 수 있습니까?

우리가 만일 말씀을 듣기만 한다면 이 생명의 말씀은 아무 소용이 없습니다.

누가복음 13장 24절에 보면, "좁은 문으로 들어가기를 힘쓰라 내가 너희에게 이르노니 들어가기를 구하여도 못하는 자가 많으리라"는 말씀이 있습니다.

그냥 시험 삼아 한두 번 좁은 문으로 들어가는 것이 아니라 그 좁은 문으로 들어가도록 계속해서 힘쓰고 노력하라는 의미입니다. 왜냐하면 「좁은 문」의 여주인공 알리사가 추구한대로 참된 구원과 행복은 좁은 문 저 너머에 있기 때문입니다.

우리가 오늘 본문에서 만나는 '좁은 문' 의 좁다는 의미는 매우 제한적인 의미를 가지고 있으며, 듣는 사람의 마음을 답답하게 만들 수도 있습니다.

왜 그렇습니까? 우리가 들어가야 할 그 문이 너무 좁아서 많은 짐을 지고서는 들어갈 수 없음을 암시하고 있기 때문입니다.

이것은 우리의 소유에 있어서 깊이 생각해야 할 문제입니다.

3

지난 주간에 영국의 곳곳에서 폭동이 일어났는데, 그 폭동에 가담한 사람들이 남의 가게나 공장에 들어가서 많은 물건들을 훔쳐다가 자기 집에 두었다고 합니다. 그들은 폭동을 구실로 더 많은 물건들을 훔쳐 자신의 소유들을 늘리려고 했습니다.

그런데 그들이 일으킨 폭동의 구실이 무엇인 줄 아십니까? 흑인 청년 한 사람이 경찰에 의해 사살되었다는 사실에 자신들의 행위를 정당화하고 있습니다.

전 세계의 주식이 폭락하고 금값이 천정부지로 상승하고, 일본의 엔화가 천장을 뚫을 정도로 상승하고 있는데, 이 모든 이유가 어디에 있다고 생각합니까? 지구촌 사람들의 소유욕에 있습니다.

개인이나 회사나 정부나 심지어 교회들조차 막대한 빚을 끌어다가 성공과 행복의 거품을 만들어 내고 있습니다.

한동안은 빚을 갚기 위해 새로운 빚을 져야 했지만 이제는 너나 할 것 없이 빚을 갚을 능력조차 탕진하고 말았습니다. 이것이 오늘 우리의 현실입니다.

왜 이런 결과를 가져왔다고 생각합니까? 1960년대의 대한민국은 참으로 가난했습니다. 그러나 우리도 잘 살아보자고 선택한 것 하나가 있었습니다.

그것은 경제부흥을 위한 좁은 길, 험한 길이었습니다. 예를 들자면 쌀을 많이 깎아 내면 맛은 있지만 영양분이나 수량이 줄어들기 때문에 대통령의 명령으로 많이 깎지 못하게 했고, 일회용 젓가락 사용도 금지했습니다. 새마을 운동도 했습니다. 대기업들에게 많은 혜택을 준만큼 서민은 어려웠습니다. 이 모든 것이 힘들고 불편했지만 오늘의 우리 대한민국이 있게 되었습니다.

그러나 이제 더 이상 사람들은 좁은 문으로 들어가기를 싫어합니다. 저마다 넓은 길로 가려고 합니다. 그러다 보니 손바닥만 한 국토가 황폐화되고 말았습니다. 이제는 국토보다 먼저 사람들의 마음이 오염되고 황폐화되고 말았습니다.

'좁은 문' 이란 신앙 세계만의 해결책이 아닙니다.

국가도 개인도 회사도 가정도 좁은 문을 선택하지 않는다면 더 이상 미래가 없다는 사실입니다.

4

좁다는 것은 또한 많은 사람들이 함께 갈 수도 없는 길임을 의미합니다. 이것은 우리가 살고 있는 세상과 소속된 사회에서 어떻게 처신하며 살아야 하는지를 암시해주고 있습니다.

더 정확히 말하자면 세상 사람들과의 관계를 말하는 것입니다. 사람들은 보다 더 많은 사람들과 더 많은 관계를 맺기를 원합니다.

그래서 사람들을 만나고 방문하고 그들과 돈독하고 친밀한 관계를 맺는데 많은 시간과 물질과 정력을 소모하면서 그것을 당연하게 생각합니다.

더 많은 사람들과의 관계를 위해 페이스북이나 트윗 같은 것을 통해 거미줄 같은 네트워크를 형성해서 유대관계를 쌓아가고 있습니다.

그러나 주님은 늘 소수에게 집중하셨고, 약하고 불쌍한 자들에게 가까이 가셨습니다.

우리가 살아가는데 있어 실상은 그렇게 많은 사람들이 필요하지 않습니다. 피라미드를 쌓아 올린 파라오에게는 많은 노예가 필요했을는지는 몰라도 하나님의 사람들에게는 그렇게 많은 인간관계가 필요 없습니다.

정말 우리에게 필요한 관계는 주님과 나 사이의 관계이며, 주님이 내게 맡겨 주신 소수의 사람들이라고 생각합니다.

저는 지난 주간에 혼자서 은혜를 많이 받았습니다. 제가 1970년대 신학교 다닐 때 이 엠 바운즈(E. M. Bounds)의 「기도의 능력」을 3독하면서 많은 은혜를 받았는데, 오랜 세월이 지나면서 다 잊어버렸습니다. 지난 주간에 책장 사이에서 숨어 있던 이 책을 꺼내어 다시 읽었습니다.

그 가운데, "십자가에 못 박힌 설교만이 진정한 생명을 줄 수 있다. 십자가에 못 박힌 설교는 십자가에 못 박힌 사람에게서만

나올 수 있다."는 말씀에 가서 제 가슴에 못이 박혔습니다.

스승의 가르침에 십자가가 없는 설교는 설교가 아니라는 말씀에 늘 십자가를 생각하고 설교하려고 애를 썼습니다.

그래서 십자가 설교를 많이 했다고 생각했는데, 지금 생각해보니 여태껏 제 설교는 전부 불량품이란 사실입니다.

왜냐하면 내 자신이 아직 십자가에 온전히 못 박히지 못했는데, 그렇다면 내게서 나온 이 설교들은 무엇이란 말입니까? 전부 불량품이었던 것입니다.

영혼을 살리는 것이 아니라 도리어 죽이는 설교가 이 세상에 가득합니다. 무엇이 영혼을 죽이는 설교입니까?

설교자 제 자신은 십자가에 못 박히지 아니하고서 십자가를 말하는 설교입니다.

그러나 이제라도 이런 사실을 깨닫게 되었으니, 그래서 우리는 사람 만나는 시간보다 주님을 먼저 만나고, 주님 만나는 시간을 더 많이 사용해야만 하는 것입니다.

바로 이것이 좁은 문이요 좁은 관계가 아니겠습니까?

5

또한 좁은 문과 길이 협착하다는 것은 제한이 많다는 것을 의미합니다.

그리스도인으로서의 세상 사는 삶의 환경이 얼마나 불편하고 고통스러운지 알려 주는 내용입니다.

주님은 제자들에게 세상이 너희를 미워할 것이라 말씀하셨고, 세상에서 너희가 환란을 당할 것이라 말씀하셨고, 산상수훈 처음 부분에서 "나로 말미암아 너희를 욕하고 박해하고 거짓으로 너희를 거슬러 모든 악한 말을 할 때에는 너희에게 복이 있"(마 5:11)다고 하셨습니다.

이것이 무엇입니까? 믿는 자가 선택한 좁은 문입니다.

그런 의미에서 오늘 선택한 본문은 매우 짧은 두 구절로 이루어져 있지만, 그 내용이나 가치에 있어서는 매우 심오하고 엄청난 문제를 다루고 있는 것입니다.

우리가 본문을 통해서 주목해야만 할 내용이 하나 있습니다.

우리 주님이 바로 이 좁은 문, 좁은 길로 가셨다는 사실입니다. 주님이 가신 길은 십자가의 길이었고, 하나님 아버지께서 원하시는 길이었습니다.

주님은 우리에게 분명하게 두 가지의 문과 두 가지의 길을 제시하셨습니다. 멸망으로 인도하는 문과 생명으로 인도하는 문, 그리고 멸망에 이르는 길과 생명에 이르는 길을 말씀하셨습니다.

그리고는 "좁은 문으로 들어가라"고 말씀해 주셨습니다.

모든 사람들에게는 두 가지의 선택할 수 있는 문이 있지만, 나는 너희에게 반드시 좁은 문을 선택하기 원한다는 말씀입니다.

그리고는 주님 스스로 십자가의 길을 선택하셨고 그 좁은 문으로 들어가셨습니다.

우리는 십자가의 사건이 있기 전에 겟세마네 동산의 주님의 모습에서 그분이 선택하셨던 이 좁은 문, 십자가의 길이 얼마나 험하고 얼마나 고통스러운 것인가를 알 수 있습니다.

그래서 히브리서 기자는 기록하기를, "그는 육체에 계실 때에 자기를 죽음에서 능히 구원하실 이에게 심한 통곡과 눈물로 간구와 소원을 올렸"(히 5:7)다고 했으며 "그가 아들이시면서도 받으신 고난으로 순종함을 배워서 온전하게 되셨"(8-9)다고 하였습니다.

그런데 문제는 오늘날 우리들은 교회 안에서조차 이 좁은 문을 싫어한다는 점입니다. 오히려 좁은 문이란 단어와 그 의미조차 잊어버리고 좁은 문이 있는지조차 모르고 있습니다.

과연 이 시대의 교회 가운데서 계시록에 나오는 서머나 교회처럼 고난을 두려워하지 아니하고 목숨을 걸고 신앙을 사수한 충성된 증인들이 있습니까? (계 2:8-11)

있다면 그들은 분명 좁은 문을 선택하고 그곳으로 들어가기를 힘쓰는 자들임에 분명합니다.

사데 교회의 몇 몇의 성도들처럼 그 흰옷을 더럽히지 아니하고 주님과 동행하는 사람들이 있다면(계 3:4-5), 그들은 좁고

험한 길을 가는 사람들임에 분명합니다.

6

주님이 선택하신 것이 좁은 문이요, 주님이 가신 그 길이 좁은 길이라면 반드시 우리도 가야만 합니다.

어떤 사람들은, '비록 좁은 문을 선택하더라도 나중에는 넓고 좋은 길이 나오겠지' 라고 생각하는 사람들이 있을 것입니다.

그러나 본문을 잘 들여다보면, 넓은 문은 문만 넓은 것이 아니라 이어지는 길도 넓다는 사실이고, 좁은 문은 문만 좁은 것이 아니라 그 길도 좁고 불편하고 험하다는 사실을 보게 됩니다.

그런 길이 어디까지 이어지고 있습니까?

넓은 길은 멸망으로 끝날 때까지 계속 넓고, 좁은 길은 생명에 이르기까지 끝까지 좁다는 사실입니다.

그래서 좁은 문으로 들어가면 끝까지 좁은 길로만 가야하고, 넓은 문을 선택하면 끝까지 넓은 길로 가야만 합니다.

그러다 보니 노아의 시대에도 사람들이 홍수로 멸망하기까지 깨닫지 못했던 것입니다.

야고보서 5장의 부자들이 자신들의 재물이 썩고, 입은 옷이 좀 먹고 그들의 금과 은이 녹이 슬어도 자신들에게 멸망이 임하기까지 이를 깨닫지 못하는 것입니다.

그렇다면 천국 가는 길은 어떤 길입니까?

마가복음 10장 23절 이하에서 주님은 부자가 천국 들어가기가 마치 낙타가 바늘귀로 통과하는 것보다 더 어렵다고 하시면서, 계속해서 29절 이하에서는 주님 따라 가는 길이 얼마나 어려운가를 말씀하셨습니다.

부자들만 천국 들어가는 길이 어려운 것이 아니라 가난한 우리도 어렵기는 마찬가지입니다.

주님은 "복음을 위하여 집이나 형제나 자매나 어머니나 아버지나 자식이나 전토를 버"(막 10:29)리지 아니하면 이 좁은 문을 통과할 수 없다는 것을 분명히 하셨습니다. 그리고 그 위에 박해까지 겸하여 받을 것을 말씀하셨습니다.

그렇다면 우리가 지금까지 걸어온 믿음의 길은 어떤 길입니까?

정말 좁은 문을 선택하고 좁은 길로만 왔습니까?

7

주님이 선택하신 십자가는 다름 아닌 좁은 문이요 좁은 길입니다. 그런데 오늘날 한국 기독교 인구가 국가 전체 인구의 25%나 된다고 말합니다.

미국의 경우에는 크리스천의 증거를 영접기도에 두고 있습니다. 그러나 성경은 그렇게 말하지 않습니다. 세례나 영접기도나 등록된 이름만으로 하나님의 자녀가 되었다고 말하지 않습니다.

하나님의 자녀는 예외 없이 좁은 문으로 들어가야 함을 말하고 있습니다. 주님의 제자들은 반드시 좁은 길로 가야만 하며 그것이 십자가의 길임을 가르쳐 주고 있습니다.

그 가는 길이 매우 험하고, 지고 갈 짐이나 소유도 없이, 함께 갈 사람이 없음에도 불구하고 그 결과는 영원한 생명에 이를 것이며 주님의 위로를 받을 것입니다.

청교도 신앙을 가진 이 앙드레 지드의 「좁은 문」은 여러 종류의 사람들이 여러 가지의 결론을 말하고 있습니다.

세상적으로 보면 제롬이나 알리사는 세상이 말하는 행복을 맛보지 못했습니다. 그들은 세상에서 제일 중요하게 여기는 사랑과 행복에 관해 실패한 사람들입니다.

그러나 적어도 이 사람들은 말씀에 기록된 '좁은 문'이란 무엇을 의미하며, 내 삶에서 그 좁은 문으로 들어가는 것이 무엇인가를 알고 그것을 위해 힘쓰고 애쓰고 자신을 희생하던 사람들이라는 것은 분명합니다.

지난 주간에 한일전 축구 경기에서 한국이 37년 만에 일본에 대패했다고 소동입니다. 3-0으로 졌으니 사실 충격입니다.

그러나 냉정하게 생각해 보면, 일본팀과 한국팀의 승패의 결과는 다름 아닌 승리를 위해서 누가 좁은 문을 선택하고, 좁은 길을 갔느냐의 차이입니다.

오늘 여기에 모인 우리 대부분의 사람들도 좁은 문을 선택한 사람들입니다. 그렇다면 그 문으로 이어지는 좁은 길을 영생에 이르도록 계속 나아가야만 합니다. 그것이 하나님 아버지의 뜻이요 먼저 좁은 길로 나아가신 우리 주님의 소원입니다.

좁은 문은 우리에게 있어서 십자가 이외의 또 다른 상징이요 삶 자체입니다.

우리 삶 속에서, 아니 오늘부터 일주일 동안 우리 삶의 현장에서 매 순간, 매 사건마다 그 속에서 나타나는 넓은 문과 좁은 문, 그리고 넓은 길과 좁은 길이 무엇인가를 분별하여 주님이 원하시고 기뻐하시는 좁은 문, 좁은 길을 택하며 나아가는 우리 모두가 되기를 소원합니다. (2011. 8. 14. 오전)

11

영혼의 사냥꾼

〈 마태복음 7:15-20

거짓 선지자들을 삼가라 양의 옷을 입고 너희에게 나아오나 속에는 노략질하는 이리라 그들의 열매로 그들을 알지니 가시나무에서 포도를, 또는 엉겅퀴에서 무화과를 따겠느냐 이와 같이 좋은 나무마다 아름다운 열매를 맺고 못된 나무가 나쁜 열매를 맺나니 좋은 나무가 나쁜 열매를 맺을 수 없고 못된 나무가 아름다운 열매를 맺을 수 없느니라 아름다운 열매를 맺지 아니하는 나무마다 찍혀 불에 던져지느니라 이러므로 그들의 열매로 그들을 알리라

1

찰스 콜슨(Charles Colson, 1931-2012)이 쓴 「그리스도인 이제 어떻게 살 것인가」에서 나오는 내용으로, 메디슨 죤슨이라는 사람이 쓴 「어떤 망명」이라는 책에서, 한 보안관이 젊은 여자와 부정적인 관계를 맺고는 호텔 창문으로 쏟아져 들어오는 달빛을 보면서 교회의 스테인 글라스에 새겨진 어린아이들과 예수님의 모습을 떠올리는 장면이 나옵니다.

그는 죄 있는 사람을 죄 없는 존재로 만드는 것이 하나님의 은혜라고 목사님이 설교한 내용을 떠 올리면서 자신의 부정한 행위를 통해서, 그것도 그 범죄의 자리에 누워서 생각하기를 도리어 용서받고 새로워졌다고 생각했습니다.

비록 소설이지만 부정한 만남, 부정한 행위를 통해서 도리어 새로운 영적 경험을 맛본다고 하는 이런 내용은 많은 기독신자들을 실족하게 만들기에 충분한 내용입니다.

오늘날 교회가 저지르고 있는 잘못 가운데 하나는, 그리스도로 말미암아 거듭난 하나님의 사람들의 삶에 있어서 복음으로 말미암은 영향력과 능력을 잃어버린 채 세상의 흐름에 저항 없이 떠내려가도록 방치하고 있다는 사실입니다.

그 결과 사람들은 이웃에게 우리가 왜 하나님을 믿는지 설명할 수도 없으며, 자신들의 삶의 방향과 목적을 잃어버리고 어떻게 사는 것이 그리스도인의 삶인지조차 모르며, 어떻게 하는 것이 하나님께 영광을 돌리는 것인지 알지 못하고 있는 것이 우리의 현실입니다.

우리가 진리를 이해하지 못하고 복음의 본질을 깨닫지 못하고 말씀을 자신의 삶에 적용하지 못한 채로 살아간다면, 멀지 않은 장래에 그 결과는 누구에게나 비참한 멸망뿐이라는 사실입니다.

오늘 본문에서 강조하는 내용이 무엇입니까? 거짓 선지자들을 조심하라는 것입니다. 다시 말해서 우리 영혼의 사냥꾼을 조심하라는 말씀입니다.

그들의 목적이 무엇입니까? 소위 교회 안에 머물러 있는 교인들의 영혼을 빼앗는 것입니다.

2

노아의 홍수 이후에 이 땅에는 함의 자손에서 니므롯이라는 뛰어난 사냥꾼이 나타났고, 오늘에 이르기까지 이 사냥꾼의 직업은 사라지지 않고 남아 있습니다.

흔히 사냥꾼이라고 하면 새나 짐승을 잡는 사람으로 인식하고 있지만, 성경에서는 사람의 영혼을 사냥하는 사냥꾼이 있음을 암시하고 있습니다.

그 대표적인 내용이 시편 124편 7절의 말씀입니다.

"우리의 영혼이 사냥꾼의 올무에서 벗어난 새 같이 되었나니 올무가 끊어지므로 우리가 벗어났도다"라고 하였고, 오늘 본문의 말씀 가운데서도 거짓 선지자를 가리켜 "노략질 하는 이리"(15)라고 표현함으로 영혼을 사냥하는 사냥꾼의 존재를 밝히고 있습니다.

그러므로 구약시대나 신약시대를 막론하고 각 시대마다 사람의 영혼을 사냥하는 전문 사냥꾼이 있다는 사실입니다.

그들이 비록 양의 탈을 쓰고 접근하지만 실제는 노략질 하는 이리라고 함으로 그 정체를 분명히 밝히고 있습니다.

그렇다면 거짓 선지자, 즉 영혼의 사냥꾼의 정체가 무엇입니까? 율법에 지나치게 의존하는 유대계 그리스도인이라는 견해가 있습니다.

또한 그 반대로 헬라주의적인 자유주의자들로 유대의 율법을 폐기해야 한다고 주장하는 사람들이라고 합니다.

초기 기독교 문서로서 중요한 위치를 차지하고 있는 〈디다케〉에 기록된 내용을 보면, 어떤 마을에 전도자가 나타나서 여러 날을 머물면서 사람들에게 가르침과 능력을 빙자하여 돈을 요구하는 자들이 있는데, 이런 자들을 거짓 선지자요 영혼의 사냥꾼이라고 말하기도 합니다.

그러나 많은 학설에 의존하기 보다는 말씀 속에서 드러난 그들의 특징을 보면 그 정체가 분명해집니다.

3

그들의 특징이 무엇입니까? 15절을 보면 자신의 신분을 감추기 위해서 수단 방법을 가리지 않고 자신을 위장한다는 사실입니다. 어떻게 위장을 합니까?

양의 탈을 쓰고 있다고 했으니 이리의 탐욕을 숨기기 위해서 양의 평화로운 모습으로 위장을 하는 것입니다.

그들의 본성은 먹이를 보면 사정없이 달려들어 날카로운 이빨로 공격하지만, 더 큰 목적을 이루기 위해서 잠시 순한 양처럼 인내하고 있을 뿐입니다.

이리의 포악성을 감추려고 양처럼 온순한 모습으로 자신의 실체를 감추고 있습니다.

새로운 이단의 무리인 추수꾼들이 한 교회에 침투하여 3년을 숨어 지낸다고 합니다. 그러나 아무리 감추어도 그들의 근본은 거짓 선지자요 노략질 하는 이리입니다.

영혼의 사냥꾼들의 또 다른 특징은 16절 이하에 보면, 열매가 없다는 사실입니다. 이유가 무엇입니까?

주님의 가르침을 따르지 않고 제 마음대로 하기 때문입니다.

하나님의 말씀은 자신들의 수단과 목적을 이루기 위한 도구에 불과하며, 자신들의 정체를 숨기기 위한 도구에 불과하다는 사실입니다.

특히 18절을 보면, "~을 할 수 없다"는 말이 반복되고 있습니다.

좋은 열매를 맺고 싶어도 맺을 수가 없다는 말입니다.

여기 "나쁜 열매"라는 말의 '나쁘다'는 뜻은 썩었다는 의미를 가지고 있습니다. 곧 윤리적으로 타락할 대로 타락해 버린 상태를 말하는 것입니다.

아무리 먹음직하고 배가 고파도 일단 부패하고 썩은 것은 먹을 수 없습니다. 일본 사람들이 제일 경계하고 무서워하는 것이 유통 상품의 '상미기간'이라는 표시입니다.

'상미기간'이란 음식의 유통과정에서 제 맛을 낼 수 있고 음식이 상하지 않는 안전한 기간을 말합니다. 곧 소비자가 안심하고 맛있게 먹을 수 있는 기간을 말하는 것입니다.

그런데 상미기간이 지난 음식이라도 겉으로는 멀쩡하고 실제로 먹어도 별 탈이 없는 경우가 많지만, 일본 사람들은 일단 그 기간이 지난 음식은 썩었다고 보는 것입니다.

그래서 겉으로는 멀쩡해 보여도 무서워하는 것입니다.

아무리 멀쩡한 음식이라도 썩은 물건과 함께 두면 금방 부패해 버리기 마련입니다.

그러므로 한 번 영혼의 사냥꾼의 표적이 되면 모든 것이 무너지고 맙니다.

4

그렇다면 영혼의 사냥꾼인 거짓 선지자를 어떻게 분별할 수 있습니까? 문제는 그렇게 간단하지 않습니다.

그들은 우리와 같은 신앙고백을 하고 있으며, 그들은 우리보다 더 경건하고 아름답고 존경 받을 만하게 행동합니다. 그 뿐만이 아닙니다.

데살로니가후서 2장 9-10절에 보면, "악한 자의 나타남은 사탄의 활동을 따라 모든 능력과 표적과 거짓 기적과 불의의 모든 속임으로 멸망하는 자들에게 있으리니 이는 그들이 진리의 사랑을 받지 아니하여 구원함을 받지 못함이라"고 했습니다.

영혼의 사냥꾼들인 거짓 선지자들이 참 선지자들보다 더 많은 능력과 기적과 수단을 가지고 우리 앞에 나타나서 사람들을 멸망에 이르게 한다고 했습니다.

그런데 어떻게 그들을 구별할 수 있겠습니까? 이미 20절에서 밝힌 대로 열매를 보고 그들을 아는 것입니다.

그렇다면 열매가 없다는 것은 무슨 의미입니까? 말씀의 주인되시는 주님이 원하시는 결과를 말하는 것입니다.

본문에서 말하는 열매는 각 사람의 삶 자체와 그 결과를 말하는 것입니다.

곧 믿음의 열매가 없다는 것입니다.

왜 주님은 열매를 강조하고 계십니까?

20절에 기록된 대로, "그들의 열매로 그들을 알리라" 곧 열매를 보고 그 사람들의 정체를 알기 때문입니다.

그래서 가시나무가 포도열매를 맺을 수 없고, 못된 나무가 아름다운 열매를 맺을 수 없다는 것입니다.

영혼의 사냥꾼에게는 남다른 능력이 있고, 놀랍고 신기한 역사가 일어나도 주님이 원하시는 열매가 없다는 사실에 주목해야 합니다.

겉으로는 많은 역사가 일어나고 대단한 존재처럼 보인다고 해도 중요한 사실 한 가지는 하나님을 기쁘시게 하는 열매가 없다는 것입니다.

5

그런데 오늘 거짓 선지자에 대한 경계의 말씀을 하고 있습니다마는, 중요한 것은 이 사람들보다 우리 자신의 문제가 더 중요합니다.

과연 우리에게는 주님이 원하시고 주님이 기뻐하시는 열매가 있느냐 하는 사실입니다

이사야 5장에 보면, 하나님은 자신의 사랑하는 자를 위해서 아름다운 포도원을 만드셨습니다. 최고의 좋은 시설을 갖춘 완벽한 포도원이 되었습니다. 그래서 하나님은 반드시 좋은 포도,

아름다운 열매가 맺힐 것을 확신하셨습니다.

그런데 그 결과는 무엇입니까? 4절에 "내가 좋은 포도 맺기를 기다렸거늘 들포도를 맺음은 어찌 됨인고"라고 하셨습니다.

하나님이 원하시는 결과가 아니었습니다.

우리가 영혼의 사냥꾼의 표적이 되지 않았다고 할지라도 결코 안심할 수 없는 것은 우리 스스로가 믿음의 열매를 맺지 못한다면, 사냥꾼에게 사살된 짐승과 무엇이 다르겠습니까?

그러므로 우리는 신앙의 적이, 우리를 파멸하게 만드는 적이 바깥에만 있는 것이 아니라 내 안에도 있다는 사실을 알아야 합니다.

나의 게으름이, 나의 어리석음이, 나의 세상 사랑이 결국에는 사냥꾼에게 당한 것과 같은 결과를 만든다는 것입니다. 바로 이것이 우리의 두려움이 되어야 하고 경계의 이유가 되어야 할 것입니다.

거짓 선지자에게 열매가 없는 것은 겉과 속이 다른 삶을 살고 있기 때문입니다. 주님의 제자로서의 좁은 문과 좁은 길을 거부하고 넓은 문으로 들어가기 때문입니다.

과연 내가 지금까지 주님이 기뻐하시는 삶을 살고 있는지, 영혼의 사냥꾼의 표적이 되기 전에 먼저 내 자신이 무너져 내리고 있는 것은 아닌지 깊이 생각해야 합니다.

열매는 삶입니다. 삶은 곧 신앙이요 믿음의 순간순간은 신앙고백 그 자체입니다.

6

왜 우리가 우리 자신을 먼저 돌아보지 않으면 안 됩니까?

거짓 선지자에게 기다리는 것이 멸망이고, 그들이 멸망하는 이유가 사람들을 미혹해서 멸망에 이르게 하는 범죄 이전에 먼저 자신이 좋은 열매를 맺지 못하기 때문입니다.

그렇다면 하나님의 심판은 영혼의 사냥꾼에게만 임하는 것이 아니라 열매 맺지 못하는 우리에게도 임한다는 사실이 문제입니다.

신앙고백이나 종교생활 만으로는 하나님의 심판을 피할 수 없습니다.

세례 요한도 유대인들을 향하여 표면적인 회개, 즉 껍데기뿐인 회개를 향해 분노함으로 공격했습니다.

그렇습니다. 우리가 이름만으로 예수님의 제자가 되어서는 우리 자신을 하나님의 심판에서 지켜낼 수 없다는 사실입니다.

오늘 본문을 통해 주님이 거절하는 사람들이 어떤 사람들인 줄 알 수 있습니다.

회개에 합당한 열매가 없는 사람들입니다. 구원의 열매가 없는 사람들입니다. 하나님의 자녀로서의 삶이 없는 사람들입니다.

우리의 문제가 거짓 선지자에게 있는 것이 아니라 바로 우리 자신에게 있다는 사실입니다.

유엔 2대 사무총장인 다그 함마르셀드(Dag Hammarskjold)는 스웨덴 사람으로 세계 분쟁을 위해 동분서주 하다가 1961년에 중앙아프리카 상공에서 비행기 사고로 사망했습니다.

그 분의 유품으로 발견된 가방 속에는 두 권의 책과 일기장이 있었는데, 한 권은 성경책이고, 다른 한 권은 토마스 아 켐피스의 「그리스도를 본받아」라는 책이었습니다.

유품 중에 원고 뭉치가 발견되었는데, 그것은 마틴 부버(Martin Bubur, 1878-1965)의 「나와 너」라는 책을 번역 중에 있었습니다.

그의 사고 하루 전의 일기에는 다음과 같이 씌어 있었습니다.

"주님 뜻을 깨달을 수 있도록 겸손한 마음을 주소서. 주님을 섬길 수 있도록 사랑을 더해 주소서. 주 안에서 살 수 있도록 믿음을 주소서."

그는 전 세계의 어려움 문제들을 껴안고 믿음 안에서 많은 문제들을 해결했습니다. 그래서 전 세계 사람들은 어려운 일이 생기면 주저 없이 하는 말이, 다그에게 맡겨라고 할 정도로 전 세계를 통해 신뢰를 얻었습니다.

그가 남긴 유명한 말은, "내가 태어날 때 나는 울었지만 사람들은 웃었다. 이제 내가 세상을 떠날 때 나는 웃고 사람들은 울게 만들라."는 것입니다.

마태복음 21장 18절 이하에 보면, 예수님이 시장하신 배를 채우려고 무화과나무에게 가까이 가셨지만, 잎만 무성하고 열매는 하나도 없는 이 나무를 저주하셨습니다.

그 때 주님이 하신 말씀이 무엇입니까?

"이제부터 영원토록 네가 열매를 맺지 못하리라"(19)는 것이었습니다.

중요한 것은, 아름다운 열매 맺지 못하고 껍데기 신앙으로만 연명하는 우리 자신이 바로 거짓 선지자 노릇을 하고 있으며, 생명력을 잃어버리고 종교생활로 연명하는 우리들이 바로 영혼의 사냥꾼 노릇을 하고 있는 것이 아닌지 자신을 먼저 돌아봐야 합니다.

거짓 선지자들의 최후의 모습이 무엇입니까?

버림받는 것입니다. 멸망의 두려운 심판이 기다리는 것입니다.

마찬가지로 열매 없는 우리를 기다리는 것도 두려운 심판뿐이라는 사실입니다.

7

좋은 나무의 좋은 열매는 무엇을 말하는 것입니까?

생명으로 인도하는 좁은 문으로 들어가는 자들을 말하고, 그들이 좁고 불편하고 고통스러운 길에서 얻은 주님을 기쁘시게 하는 삶의 결과를 말하는 것입니다.

지금도 거짓 선지자들은 우리에게 넓은 문을 따라 넓은 길로 가기를 원하고 있으며, 그래서 그 길이 멸망으로 끝나도록 우리를 유혹하고 있습니다.

일본에서 1969년부터 연재되기 시작하여 지금까지 인기를 얻고 있는 후지모또 히로시(藤本 弘)의 만화 ―도라에몬(ドラえもん)― 이 있습니다.

문제가 생길 때면 허리춤에서 여러 가지를 꺼내어 사용하는데, 그 중에는 문이 있고, 이 문을 통하여 자신이 원하는 곳으로 이동하는 장면이 많이 나옵니다.

우리는 삶의 현장에서 늘 두 개의 문을 만나기 마련입니다. 그것은 넓은 문과 좁은 문입니다. 어느 쪽을 선택해야 합니까?

주님은 우리가 매 순간마다 반드시 좁은 문을 선택하기를 원하고 계십니다. 왜냐하면 넓은 문은 열매를 맺지 못하는 길에 이르며 거짓 선지자들과 그에게 미혹된 사람들이 가는 길이며, 그 결과는 멸망이기 때문입니다.

오늘부터 세상 욕심을 버리고 말씀을 가까이 하면서 매일 매 순간에 주님이 원하시는 뜻이 무엇인가를 깨달아, 영육 간에 아름다운 열매를 풍성히 맺는 축복의 사람들이 되기를 소원합니다. (2011. 8. 21. 오전)

12

듣고 행하는 자

〈 마태복음 7:21-29

나더러 주여 주여 하는 자마다 다 천국에 들어갈 것이 아니요 다만 하늘에 계신 내 아버지의 뜻대로 행하는 자라야 들어가리라 그 날에 많은 사람이 나더러 이르되 주여 주여 우리가 주의 이름으로 선지자 노릇 하며 주의 이름으로 귀신을 쫓아내며 주의 이름으로 많은 권능을 행하지 아니하였나이까 하리니 그때에 내가 그들에게 밝히 말하되 내가 너희를 도무지 알지 못하니 불법을 행하는 자들아 내게서 떠나가라 하리라 그러므로 누구든지 나의 이 말을 듣고 행하는 자는 그 집을 반석 위에 지은 지혜로운 사람 같으리니 비가 내리고 창수가 나고 바람이 불어 그 집에 부딪치되 무너지지 아니하나니 이는 주추를 반석 위에 놓은 까닭이요 나의 이 말을 듣고 행하지 아니하는 자는 그 집을 모래 위에 지은 어리석은 사람 같으리니 비가 내리고 창수가 나고 바람이 불어 그 집에 부딪치매 무너져 그 무너짐이 심하니라

예수께서 이 말씀을 마치시매 무리들이 그의 가르치심에 놀라니 이는 그 가르치시는 것이 권위 있는 자와 같고 그들의 서기관들과 같지 아니함일러라

1

1989년 2월 17일 일본 중의원 예산위원회에서 공명당 의원이 한 편의 동화를 낭독했는데, 그곳에 모인 많은 의원들이 눈물을 흘릴 정도로 감동을 받은 문학 작품이 하나 있었습니다. 그것은 북해도 출신의 작가 구리 료우헤이(栗 良平) 씨가 쓴 「메밀국수 한 그릇」(一杯のかけそば)으로 한국에는 「우동 한 그릇」으로 잘 알려진 작품입니다.

그 내용은 섣달 그믐날 늦은 시각에 삿포로의 메밀국수집에 6살과 10살의 두 사내아이를 데리고 중년 부인이 들어와서는 메밀국수를 한 그릇만 시켜도 되는지 물었고, 주인은 상관이 없다고 하고 그 초라한 행색을 보고는 메밀국수를 듬뿍 담아 주었습니다. 그리고는 모자간에 서로 먹으라고 권하는 모습을 보면서 자신의 마음도 따뜻해졌습니다.

그리고 매년 섣달 그믐날이면 같은 시간쯤에 나타나 메밀국수 한 그릇을 시켰습니다. 궁금하여 그들의 대화를 들어보니 남편은 교통사고를 일으켜 죽었고, 부상자 8명에 대한 피해 보상 때문에 근근이 하루하루를 살고 있는 것을 알게 되었습니다.

식당 안주인은 한 그릇 가격에 세 그릇을 주자고 했지만, 식당 주인은 오히려 그 사람들에게 부담이 된다고 하고는 메밀국수의 양을 듬뿍 넣어 주었다고 합니다.

매년마다 그렇게 한 번씩 나타나던 사람들이 어느 때인가 더 이상 나타나지 않았고, 주인은 섣달 그믐날만 되면 이 세 사람의 모자를 기다리면서 그들이 앉았던 자리를 예약석으로 늘 비워 두었다고 합니다.

그런데 세월이 지난 어느 날 장성한 두 아들을 데리고 그 아주머니가 나타났고, 큰 아들은 의사로 작은 아들은 은행원이 되어 있었다고 합니다.

이 작품이 유명해진 이유 중에 하나는 그 내용이 실화로 알려졌기 때문입니다.

한 그릇의 메밀국수는 산케이 신문 사회면의 머리기사로 등장했고, 텔레비전, 라디오 방송은 물론이고 나중에는 영화로 만들어져 온 일본을 눈물바다로 만들었습니다. 이 스토리를 거의 모든 주간지, 월간지들이 특집으로 다루었고, 이 작품은 몇 달 사이에 백만 부를 돌파했다고 합니다.

그런데 6월 2일자의 사진 전문 주간지에 이 소설을 쓴 작가 구리 료우헤이 씨의 정체가 밝혀지면서 감동의 물결에 찬물을 끼얹고 말았습니다. 어느 날 갑자기 유명인사로 등장하여 일본 전국으로 유명해진 이 작가의 모습을 본 메밀국수 집 주인이 그의 더러운 과거와 사기 행각을 폭로함으로써 모든 것이 뒤집어지고 말았던 것입니다.

원래는 유리공장의 뜨내기 인부였는데, 자신을 북해도대학의 의학부 출신이라고 속이고는 여기 저기 떠돌며 살다가 이 메밀국수 집에 얹혀살게 되었고, 나중에는 자신을 의사라고 속이고 사기행각을 일삼다가 이 집에서 쫓겨 날 때 주인의 자동차를 훔쳐 타고 도망가고 말았다는 것입니다.

한 편의 글을 통해서는 전 국민을 감동시켰지만 작가 자신의 삶은 법과 국민의 심판을 받아 마땅한 것이었습니다.

그래서 이 '눈물'의 메밀국수가 일시적으로는 1억 2천만을 감동시켰지만, 결국에는 '분노'의 메밀국수로 바뀌고 말았던 것입니다. 이 작가는 그 이후로도 절간을 돌며 사기행각을 벌이다가 재판에 패소하기도 했다고 합니다.

2

예수님이 산상수훈을 통해서 우리에게 하시는 말씀이 무엇입니까? 사람이 무엇을 믿는가에 초점을 맞추는 것이 아니라 무엇을 행하는가에 초점을 맞추고 계신다는 사실입니다.

오늘 본문의 핵심이 무엇입니까? "나더러 주여 주여 하는 자마다 다 천국에 들어갈 것이 아니요 다만 하늘에 계신 내 아버지의 뜻대로 행하는 자라야 들어가리라"(21)는 이 말씀입니다.

여기 "주여 주여"라는 내용은 예수 그리스도를 향한 우리의 신앙고백입니다. 매우 신성하고 가장 종교적이고 자신의 신앙을 가장 잘 표현하는 말이기도 합니다.

특히 교회 안에서 주님을 찾고 부르는 이 말은 기도 때에나 예배 때에나 찬양 가운데, 심지어 우리의 대화 가운데서도 빠질 수 없는 것입니다.

그런데 이 "주여 주여"라는 이 말씀에는 두 가지의 중요한 의미가 포함되어 있습니다.

첫째는, "주여 주여"라는 말의 반복을 통해서 이 사람과 예수님 사이가 얼마나 긴밀하고 소중한 관계인가를 말해 주고 있습니다.

우리는 지극히 사랑하는 사람의 이름을 부를 때 마음에 가득 차는 기쁨을 느끼게 되고, 어린아이가 다급해졌을 때 엄마를 계속 찾고 부르는 것을 통해 만족과 안도감을 느끼는 것과 같습니다.

그만큼 성도와 주님과의 관계의 소중함이 그의 입을 통해 증명되고 있는 것입니다.

둘째는, 반대의 의미로 "주여 주여" 하는 이것이 습관적이고 몸에 베어버리고 입술에 붙어버린 매우 형식적이고 공허한 고백을 표현하기도 합니다.

마치 기도하는 사람이 시간이나 때우려고 의미 없이 주님의 이름을 부르면서 생각이 다른 곳에 가 있는 것과 같은 것을 나타내고 있습니다.

주님을 사랑하고 주님을 사모하는 그런 마음이 아니라 사람에게 보이려고, 혹은 자신의 만족을 위해 부르짖는 형식적인 그런 부르짖음을 의미하기도 합니다.

그렇기 때문에 우리는 사람들이 "주여 주여" 하고 부르는 그 참된 의미를 알 길이 없습니다. 특히 열심 있는 신앙인들의 시도 때도 없이 주문처럼 외우는 그런 "주여 주여"는 그들의 충성된 신앙을 대변해 주는 것처럼 보이기도 합니다.

그러나 주님은 분명히 선언하시기를 "주여 주여" 한다고 다 천국에 들어가는 것은 아니라고 하셨습니다.

3

문제는 바로 여기에 있습니다. 야고보서 2장 19절에도 보면, "네가 하나님은 한 분이신 줄을 믿느냐 잘하는도다 귀신들도 믿고 떠느니라"고 했습니다. 이것은 귀신들도 우리가 "주여 주여" 하면 그것이 무슨 의미인 줄 잘 알고 있다는 것입니다. 그래서 그들도 무서워하고 벌벌 떤다고 했습니다.

사실 우리의 입술로 예수 그리스도를 우리의 주로 고백하지 않아도, 그는 모든 생명과 모든 만물의 주가 되시는 사실에는 변함이 없으신 분입니다.

우리가 믿든지 믿지 아니하든지 상관없이, 심지어 마귀가 예수님의 존재를 어떻게 알고 있든지 관계없이, 그는 창조주 하나님이시며 우리 인생의 주인이십니다.

그러므로 주라고 고백하는 것이 중요한 것이 아니라, 우리가 주님이라고 고백하는 그분 앞에서 우리가 어떤 행동을 하고 어떤 삶을 살고 있느냐가 중요합니다.

오늘날 우리 주위에 명목상의 크리스천들이 얼마나 많은지 모릅니다. 그러나 우리는 옥석을 구분하기 어렵습니다. 이단들의 경우는 더욱 어렵습니다.

그런데 주님은 오늘 본문을 통해 중요한 사실 한 가지를 밝혀내 주셨습니다. 그것이 무엇입니까?

"내 아버지의 뜻대로 행하는 자라야" 천국에 들어갈 수 있다는 것입니다.

과거 유대인들은 자신들이 하나님의 자녀요 구원받은 천국 백성이라고 확신하며 살았습니다. 다시 말해서 유대인으로 아브라함의 혈통이라면 누구나 구원받는다고 생각했습니다.

이러한 생각이 오늘날의 교회 안에도 만연해 있습니다.

사람들이 교회에 와서 새신자로 등록하고, 시간이 흐르면서 세례를 받고 직분까지 받으며 일단 신앙생활에 열심만 있으면 다 천국에 들어가는 보증을 받은 것으로 착각하고 있습니다.

4

심지어 어떤 사람들은 22절에 기록된 대로 주님의 이름으로 온갖 능력과 기적을 행하고 많은 선을 행하고 있었지만, 그럼에도 불구하고 주님은 그들이 다 천국에 들어가는 것은 아니라고 말씀하셨습니다.

명목상의 크리스천의 불행이 바로 여기에 있습니다. 자신은 구원받은 하나님의 자녀라고 생각하지만, 그 삶의 행위 속에서 하나님의 뜻이 아니라 자기 뜻으로 가득 차 있다면, 이 사람의 생각과 확신은 환상에 불과합니다.

사도 바울이 그렇게 복음을 위해 희생하고 수고하면서도 그의 마음에서 떠나지 아니하는 고민이 한 가지 있었습니다.

고린도전서 9장 27절에 보니, "내가 내 몸을 쳐 복종하게 함은 내가 남에게 전파한 후에 자신이 도리어 버림을 당할까 두려워함이로다"고 했습니다.

그는 많은 지역을 돌면서 전도하고 교회를 세우고 많은 사람들을 제자 삼으며, 남들이 따라 오지 못하는 능력과 은사를 소유하고 삼층 천국까지 경험한 사람이었습니다.

이천년간의 기독교 교회사 중에 사도 바울처럼 이렇게 헌신하고 주님을 뜨겁게 사랑하던 사람이 어디에 또 있습니까?

그런데도 그는 자신이 주님께 버림당할까 두려워했고, 그래서 버림당하지 않기를 위해 자신의 몸을 채찍질 하듯이 쳐서 주님의 말씀에 자신을 복종시켰다고 했습니다.

저와 여러분이 지금 이 모습으로, 지금 이 상태로 이 믿음의 길을 계속해서 간다면 틀림이 없이 구원받을 수 있다고 확신할 수 있습니까?

과연 지금의 내 모습이나 나의 삶이 주님의 제자로서의 모습으로 부끄럽지 않다고 생각합니까?

오늘 우리는 본문의 말씀을 통해서 우리 자신을 주님 앞에 바로 세워야 합니다. 그리고는 나는 과연 누구인가를 물어야 합니다. 이유가 무엇입니까? 주님은 23절에서 "내가 너희를 도무지 알지 못하니 불법을 행하는 자들아 내게서 떠나가라"고 하셨기 때문입니다.

바로 이것이 명목상의 크리스천의 결과이기 때문입니다.

5

귀신은 쫓아내어도 천국에는 못 들어갈 수 있습니다. 멋들어진 신앙고백을 통해서도 못 들어갈 수 있습니다. 아무리 열심을 내고 많은 희생을 치루더라도, 아무리 열정적으로 전도를 한다고 하여도 그것으로는 천국에 들어갈 수 없습니다.

그런데 22절에 기록된 "그 날"이란 무슨 날입니까? 최종적인 심판의 날을 말합니다.

주님은 그 날에 "불법을 행하는 자들아 내게서 떠나가라"(23)고 하십니다.

그렇다면 주님은 무엇을 가리켜 '불법' 이라고 말씀하십니까?

아버지의 뜻대로 행하지 않는 모든 행위를 말합니다. 한 마디로 말해서 불순종을 의미합니다.

자신의 뜻은 있어도, 자신의 고집과 자신의 철학은 있어도 주님의 뜻이 없는 사람, 주님의 뜻대로 행함이 없는 삶을 가리켜 불법이라고 하셨습니다.

귀신을 쫓아내고 큰 능력을 행하고 많은 감동을 주는 설교를 하고, 남을 위해, 교회를 위해 자기 몸을 내어 불사르는 희생을 치른다고 하여도 결국에는 주님께 버림을 당하고 말 것이라는 것이 오늘 본문 말씀의 핵심입니다.

그렇다면 오늘부터 우리는 어떻게 해야 합니까? 과연 우리가 이대로의 신앙생활을 이어간다면 우리도 버림당할지 모르기 때문입니다.

6

그래서 본문은 우리에게 귀중한 말씀을 주고 있습니다. 그것은 주님이 건축자의 비유를 들어 지혜로운 사람과 어리석은 사람의 이야기를 소개하고 있습니다.

본문 24절을 보면, 주님은 우리에게 듣는 것과 행하는 것을 강조하고 계십니다. 그래서 듣고 행하는 자는 지혜로운 사람이지만 듣고도 행함이 없는 사람은 어리석은 자라고 했습니다.

그렇다면 이 지혜로운 건축자와 어리석은 건축자의 다른 점은 무엇입니까?

우리는 이 내용을 통해 우리 자신이 어느 곳에 속한 사람인가를 분명히 알 수 있습니다.

먼저 지혜로운 자는 "그 집을 반석 위에 짓는"다고 했습니다.

그는 자신의 집을 지을 때 튼튼한 기초를 위해서 많은 시간과 물질과 정력을 사용하고 있습니다.

그러나 어리석은 자는 그렇지 못합니다. 집을 빨리 세우는 결과에만 집착하다 보니 적당히 아무 곳에나 세우고 그러다 보니 모래 위에 세우고 말았습니다.

현명한 사람은 서두르지 않습니다. 조급하지 않습니다. 그래서 집을 지을 때 기초는 물론이고 집이 홍수나 바람에 견딜 수 있도록, 더위와 추위를 막아 줄 수 있도록, 생활하기에 불편하지 않도록 많은 것을 생각합니다.

그리고 이왕이면 더 좋은 재료를 가지고 와서 튼튼하게 지으려고 노력합니다.

우리 주위를 둘러보면 어리석은 사람들의 치명적인 결함이 무엇인지 쉽게 알 수 있습니다. 그것은 그들의 기초가 약하다는 사실입니다.

그들은 늘 보기 좋고 내가 편하면 그만이라 생각합니다. 그래서 인생의 기초에, 신앙의 기초에, 삶의 기초에 투자를 하지 않습니다.

모든 것에 적당하게 하면 그것으로 만족하려고 합니다. 그러면서도 어리석은 사람은 이러한 자기 생각과 방법이 최고라고 생각하고 스스로를 지혜롭다고 생각합니다.

그렇기 때문에 남에게서 배우려고 하지 않고, 실패를 해도 때를 탓하거나 재수가 없어서 실패했다고만 생각하고 자신을 바꾸려고 하지 않습니다.

그러니 결국에는 27절의 말씀처럼 어리석은 자들은 크게 무너지고 크게 망하는 것입니다.

그러나 지혜로운 사람은 자신의 생각과 계획을 가지고 있어도 남들의 의견을 듣고 자신의 생각과 계획을 비교해 봅니다. 돌다리도 두드려보고 건너갑니다.

이렇게 참 믿음의 사람은 어리석은 사람들과는 다르게 내 생각과 내 계획 내 방법을 고집하지 않습니다. 그래서 기도하면서 하나님의 뜻을 기다리고 결코 서두르지 않습니다.

그러나 어리석은 사람은 급한 마음에 많은 실수와 위기를 만나고 결국에는 넘어지고 맙니다.

7

「메밀국수」의 저자가 글을 통해서 많은 사람들을 감동시킬 수는 있었어도 자신의 삶을 통해서는 도리어 사람들의 분노를 불러 일으켰습니다.

감동할 만한 말과 글에는 그에 따르는 행함과 삶이 있어야 합니다. 그러나 어리석은 사람들은 자기가 원하는 것만 행하고, 그러면서도 모든 것을 자기 마음대로 하려고 합니다.

그래서 예수님도 자기 마음대로 하고, 교회의 신앙생활도 자기 마음대로 합니다.

현명하고 지혜로운 사람은 듣고 순종함으로 자기중심이 아니라 그리스도 중심으로, 말씀 중심으로, 교회 중심으로 행하는 사람입니다.

이런 사람을 주님은 도우시고, 인생의 모든 바람과 물결에서 지키시고 바르고 복된 길로 인도하셔서 영원히 복된 존재로 살게 하시는 줄 믿습니다. (2011. 8. 28. 오전)

산상수훈

■
초판 1쇄/ 2014년 7월 10일

■
지은이/ 고영수
펴낸이/ 설규식
펴낸곳/ 도서출판 첨탑
서울 동대문구 신설동 104-8 진흥빌딩 501호
☏ (313)1781
FAX · (392)4231
E-mail · CTP781@daum.net

■
출판등록번호/ 제 10-2171호
출판등록일/ 2001.6.19
책번호/ 081

ISBN 978 89-89759-81-2 03230
Printed in Korea